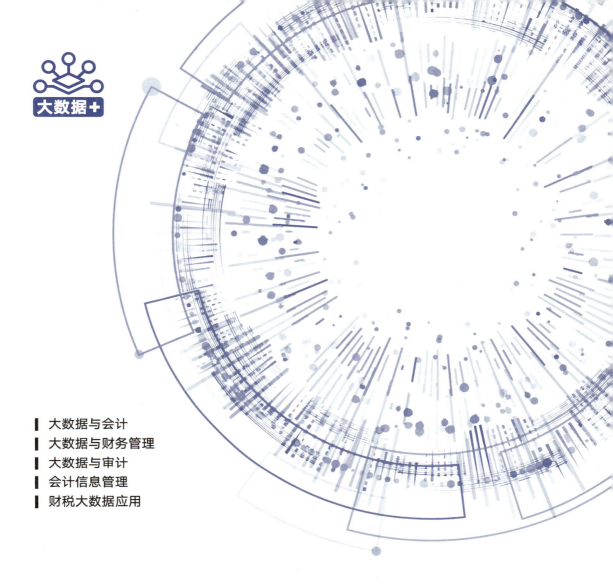

大数据+

- 大数据与会计
- 大数据与财务管理
- 大数据与审计
- 会计信息管理
- 财税大数据应用

高等职业教育财经类专业群 **数智化财经** 系列教材

高等职业教育财务会计类专业 **"岗课赛证"** 融通教材

iCVE 智慧职教 高等职业教育在线开放课程新形态一体化教材

业财一体化设计

主　编　高翠莲　高慧云　蔡理强

副主编　徐　洁　方　敏　胡晋青

中国教育出版传媒集团

高等教育出版社·北京

内容简介

　　本书是高等职业教育财经类专业群数智化财经系列教材之一，也是高等职业教育财务会计类专业"岗课赛证"融通教材。

　　本书以《企业内部控制应用指引》《管理会计应用指引》《业财一体信息化应用职业技能等级标准》为依据，基于大中型企业应用的会计信息系统，以满足企业内部控制和管理决策信息需求为目标，将企业典型业务的设计流程和设计内容作为主要内容，并且充分融合了全国职业院校技能大赛会计实务赛项的知识技能要求。全书共分六个项目：预算业务流程与内容设计、采购业务流程与内容设计、生产业务流程与内容设计、销售业务流程与内容设计、研发业务流程与内容设计以及人力资源管理业务流程与内容设计。本书每个项目均设有"素养目标"，深度融入课程思政和党的二十大精神，并提供"德技并修"案例及"启发与思考"。

　　本书建有在线开放课程，并配有教学课件、参考答案，以及二维码链接的视频资源，学习者可通过移动终端随扫随学，具体获取方式参见书后"郑重声明"页的资源服务提示。

　　本书可以作为高等职业教育专科、职业教育本科院校及应用型本科院校的会计信息管理、大数据与会计等财会类专业及财经商贸类其他相关专业的教材，还可作为社会工作人员的参考用书。

图书在版编目（ＣＩＰ）数据

　　业财一体化设计 / 高翠莲，高慧云，蔡理强主编
. -- 北京：高等教育出版社，2023.10
　　ISBN 978-7-04-060925-7

　　Ⅰ．①业… Ⅱ．①高… ②高… ③蔡… Ⅲ．①会计信息-财务管理系统-高等职业教育-教材 Ⅳ．①F232

　　中国国家版本馆CIP数据核字(2023)第143810号

业财一体化设计
YECAI YITIHUA SHEJI

| 策划编辑 | 张雅楠 | 责任编辑 | 贾玉婷 | 封面设计 | 李树龙 | 版式设计 | 马　云 |
| 责任绘图 | 易斯翔 | 责任校对 | 张　薇 | 责任印制 | 耿　轩 | | |

出版发行	高等教育出版社	咨询电话	400-810-0598
社　　址	北京市西城区德外大街4号	网　　址	http://www.hep.edu.cn
邮政编码	100120		http://www.hep.com.cn
印　　刷	小森印刷（北京）有限公司	网上订购	http://www.hepmall.com.cn
开　　本	787mm×1092mm　1/16		http://www.hepmall.com
印　　张	14.25		http://www.hepmall.cn
字　　数	270千字	版　　次	2023年10月第1版
插　　页	2	印　　次	2023年10月第1次印刷
购书热线	010-58581118	定　　价	39.80元

本书如有缺页、倒页、脱页等质量问题，请到所购图书销售部门联系调换
版权所有　侵权必究
物　料　号　60925-00

前　言

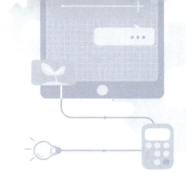

　　数智化时代，业财一体化的实施与相关业务流程再造成为企业在管理模式、管理理念、管理方式上加速创新变革的重要抓手，是企业竞争战略中关注的热点。因此，对业财一体化的理论研究及推广实施，必将对现代企业管理创新发展提供有益的帮助。只有应用会计信息系统的预设功能，按照管理决策所需的信息，进行业财一体化设计，系统才能产生决策所需的大数据。在此基础上，通过数据的可视化对比结果，进一步分析后发现企业管理和运营中的问题，提出改进建议，促使会计职能转变。2022年，《职业教育专业简介（2022年修订）》发布并实施，"业财一体化设计"课程成为会计信息管理专业的专业核心课程。但是，目前市场上的相关书籍，重点内容仍停留在业财一体化的"操作"层面，鲜有涉猎"设计"的内容。市场迫切需要一本兼具理论与实务的教材，阐述业财一体化设计的理念和方法，使学生能够掌握针对不同企业的风险状况、管理决策信息的需求，为企业设计一套合理的业财一体化方案。

　　鉴于上述原因，编者在第一时间精心设计、认真编撰了本教材。本教材以《企业内部控制应用指引》《管理会计应用指引》《业财一体信息化应用职业技能等级标准》等为理论和操作依据，以财经商贸类学生对业财一体化的认知为方向，基于大中型企业应用的会计信息系统，以企业预算业务流程与内容设计为起点，以企业内部控制和管理决策信息需求为目标，介绍制造类企业的采购业务、生产业务、销售业务、研发业务以及人力资源管理业务的业财一体化设计。本教材一方面为制造类企业业财一体化方案构建提供借鉴；另一方面，培养学生业财一体化的整体理念、逻辑思维能力和操作应用能力，实现会计信息管理专业人才的培养目标。

　　本教材具有如下特色：

　　1. 全方位有机融入课程思政内容，德技并修

　　本教材积极贯彻党的二十大精神，坚持为党育人、为国育才，落实立德树人根本任务。本教材在各项目任务中，确立内含的社会责任、工匠精神、团队合作精神、创新意识、会计职业道德等思政育人元素，系统地将"思政点"融入教材内容和教学实践中，潜移默化地实现知识传授、技能提升与价值引领相

统一，达到学思用贯通、知信行统一，致力于培养德技并修的高素质人才。

2. 从一个崭新的视角进行阐释，原创性强

本教材以业务流程、会计流程、管理流程有机融合为导向，紧扣各项业务的风险因素、管理决策的信息需求，以典型业务项目为载体，把典型业务的设计流程和设计内容作为主要教学内容，说明各项业务流程的设计思路、内在的逻辑关系。视角独特，内容新颖，践行创新精神。

3. 教学名师与实务专家领衔编写，质量可靠

本教材由国家"万人计划"教学名师、山西省财政税务专科学校会计学院院长高翠莲教授总体设计并规划教材编写思路、框架和方向，编写团队由"双师型"教师、国家级教学创新团队骨干教师、技能大赛优秀指导教师、企业专家组成。扎实的理论功底、丰富的教学经验和过硬的企业管理能力相结合，为教材质量提供了可靠保证，也实现了产学研的深度融合。

4. 配套在线开放课程等教学资源，易教易学

本教材除配有教学课件及参考答案外，还配有在线开放课程，课程资源包括课程标准、题库、教学课件、教学视频等，为各院校顺利开展此门新课程教学提供有力支撑。同时本教材配套开发了操作平台，将设计思维融入平台案例，由学生自己设计企业架构、业务流程、内控审批节点、风险控制因素、内部表单等。通过操作平台，将授课教师的理论讲授和学生的实际操作相结合，既巩固了理论知识，又提高了设计能力，实用性强。

本教材由山西省财政税务专科学校会计学院院长高翠莲教授、高慧云教授、厦门网中网软件有限公司蔡理强总裁任主编，山西省财政税务专科学校会计学院徐洁讲师、方敏副教授、胡晋青教授任副主编。高翠莲负责教材的总体设计与规划，确定教材编写思路、框架和方向以及企业操作平台开发的指导；高慧云负责项目二、项目四的撰写；蔡理强负责企业操作平台的设计、操作演示视频的建设等；徐洁负责项目五、项目六的撰写；方敏负责项目三的撰写；胡晋青负责项目一的撰写。全书由高翠莲、高慧云总纂定稿。

虽然我们已竭尽全力，但由于信息技术的发展很快，教材内容实践性、灵活性很强等原因，作为一部原创性教材，书中难免存在不足之处，敬请广大读者不吝指正。

编 者

2023 年 8 月于太原

目 录

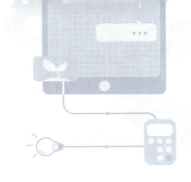

项目一
预算业务流程与内容设计

1

学习目标 >>>

知识目标

1. 了解预算业务流程及内容的设计理念和思路
2. 了解预算管理各环节存在的风险
3. 明晰预算管理各环节经营管理决策的信息需求
4. 掌握预算编制、预算执行和预算考核的设计方法

能力目标

1. 能够针对具体企业的信息需求与风险因素，设计个性化的预算业务流程
2. 能够设计主要的预算表单

素养目标

1. 树立大局意识——通过设计预算编制流程，明确平衡、协调的重要性，凡事从企业整体利益出发，互助合作，而不能只考虑局部利益和个人利益，树立大局意识
2. 激发创新意识——通过风险和信息需求导向的预算业务流程设计训练，不断激发创新意识，实现流程的优化叠加，助力企业发展
3. 提升统筹规划能力——企业将预算作为标准指导实践，再辅以预算过程控制和预算结果考核，形成实现战略目标的闭环管理，进一步理解"凡事预则立，不预则废"的道理，并用于指导其个人行为，即不论做什么事情，要有准备有规划，科学合理安排

思维导图 >>>

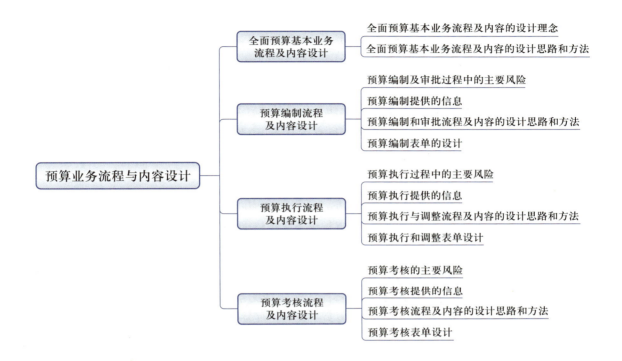

德技并修 >>>

创新变革是企业发展之魂

　　A 公司是一家大型制造企业，科学技术的飞速发展和经营环境的复杂多变，引发了对制造业的发展理念和管理方式的革命性影响；同时，党的二十大报告中提出，坚持把发展经济的着力点放在实体经济上，推进新型工业化，加快建设制造强国、质量强国、航天强国、交通强国、网络强国、数字中国。面对新形势和新任务，A 公司需要以更精进的发展理念、更精益的管理方式和更精致的产品服务引领更高质量的发展。全面预算管理作为一套科学的组织规划方法，是提升公司实力和落实公司战略的有效途径，是提升精进、精益和精致程度的有效方法，对 A 公司应对行业变局、开创发展新局具有重要意义。鉴于此，2023 年 A 公司对预算业务进行流程再造，并同步上线信息系统，充分发挥全面预算控制工具的效能，公司效益大幅度提升。梳理该公司预算业务流程再造，得出如下结论：

　　（1）科学的预算业务流程将战略与绩效连接起来，通过对企业资源的有效配置，为以价值为导向的公司战略实现发挥重要作用，建立起战略目标实现的保证机制。

（2）预算管理的流程优化使公司梳理并优化业务流程、完善合同管理、强化内部控制、优化岗位职责、完善责任管理，从而实现企业业财融合，提升公司内部管控能力。

（3）科学的预算业务流程使预算管理成为公司内部控制的共同语言，实现了公司管理者的经营控制和管理控制，从而实现了预算管理的决策支持功能。

（4）通过编制面向流程的多维度预算，优化公司的销售资源，优化用户结构；根据不同生产线产品成本，优化物流组织，降低生产运行成本，提高工序盈利能力。

（5）通过预算考评对不同价值中心设置不同的价值指标，实现了价值导向功能。公司内部各部门均为价值中心，促使各部门为执行战略意图、提升公司价值而努力。

（6）通过编制面向流程的预算，实现了全面预算的管理探测器功能。通过预算确定公司经营过程中的瓶颈，让预算成为管理漏洞和管理缺陷的"探测器"。

【思考与启示】

（1）随着时代的发展，企业的生存环境受政策、经济、文化、技术等因素的影响。企业只有适应外部环境的变化，才能保持竞争力。个人亦是如此，不能墨守成规，要与时俱进，发扬科学精神，积极探索，勇于创新。

（2）要精心培育大国工匠精神与职业素养，不断强化技能，具有完成自己责任与使命的能力。

任务一

全面预算基本业务流程及内容设计

课程介绍及案例企业概况

一、全面预算基本业务流程及内容的设计理念

（一）基于全面预算风险，加强内部控制，设计全面预算基本业务流程

全面预算是企业对一定时期的经营活动、投资活动、财务活动等作出的预算安排，是一种全方位、全过程、全员参与编制与实施的预算管理模式，是由经营预算、投资预算、筹资预算和财务预算等一系列预算组成的相互衔接和勾稽的综合预算体系。全面预算管理的本质是企业内部管理控制的一项工具，通过全面预算有效控制企业风险，实现企业战略目标。同时，全面预算自身也存在风险，也是企业内部控制的对象。无论从充分发挥预算约束作用的角度，还是从规避全面预算风险的角度，都需要设计合理的全面预算业务流程及内容。全面预算的主要风险表现在以下几方面。

1. 全面预算组织体系与运行机制方面存在的风险

全面预算组织领导与运行机制不健全，缺乏专门的预算管理组织，或者职责界定不清；预算管理部门与业务、职能部门之间协作不畅，相互推诿；财务部门包揽了所有的预算编制工作，业务、职能等部门参与配合较少；没有建立规范的预算管理制度等，致使预算管理松散、随意，其作用得不到有效发挥。

2. 预算的编制、执行、调整以及分析考核等方面存在各种经营风险和合规风险

预算目标不合理、编制不科学、不健全，可能导致企业经营缺乏约束或盲目经营，资源浪费或发展战略难以实现；预算缺乏刚性、执行不力、考核不严，可能导致预算管理流于形式。

因此，在设计全面预算基本业务流程及内容时，应做到以下几点：

（1）应明确预算管理体制，明确各预算执行单位的职责权限、授权批准程序和工作协调机制。

企业可以根据自身组织架构和作业特点等，设置包含"预算管理决策机构（如预算管理委员会）、预算管理工作机构（如预算管理办公室，为常设机构）和预算执行单位（如各预算责任中心）"三个层次的预算管理组织架构，通过流程设计，明确、清晰地划分各个层次的管理权限和责任，责、权、利相匹配。其中，预算管理决策机构是必须要设置的，应该由董事会或类似的权力机构直接领导，比如预算管理委员会负责预算的编制、执行、评估、激励和信息反馈等，对预算管理过程中发生的各种冲突从整体上进行协调与控制，公正、全面地对预算执行结果进行考评。至于预算管理工作机构、预算执行单位如何设置和划分，则根据企业的具体情况而定。全面预算管理组织架构示例图如图1-1所示。

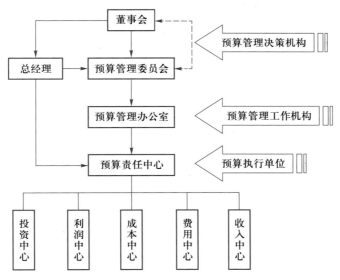

图1-1　预算管理组织架构示例图

（2）通过流程的设计，将涉及的不相容岗位进行分离。

（3）通过流程的设计，规范预算的编制、审定、下达、执行、控制、调整与考核等程序。

（二）基于内部管理决策需要，设计全面预算基本业务流程

企业需要结合为内部管理决策提供信息的要求，设计全面预算业务流程及内容。一般来讲，通过全面预算的执行过程和结果的分析，应该为企业内部管理决策提供如下信息。

1. 企业的生产经营活动情况是否符合企业的战略目标

采用科学合理的方法对预算执行情况进行分析比对后，及时发现实际执行情况是否偏离预算目标以及偏离的原因。据此，企业管理者可以查找内部控制是否存在缺陷、生产经营过程是否存在问题，可以发现工作的不足，然后围绕经营目标，调整企业经营活动，及时修订与完善内部控制不合理的地方，使生产经营活动有序、稳定、高效地运行，确保经营活动符合企业战略目标要求。

2. 企业资源配置是否科学合理

全面预算管理涉及企业生产、经营与财务等各方面，通过科学分析与评价预算管理执行结果，例如预算是否符合实际、是否可操作、能否产生经济效益等，判断资源配置是否合理。如果资源配置不合理，需要进行重新配置，使资源分配建立在科学、合理、有效的分配基础上，发挥资源分配的最佳经济效益，从而取得最佳整体经济效益。

3. 提供考评与激励各级责任单位和个人的科学依据

科学合理的预算目标，便于对各级责任单位和个人实施量化的业绩考核和奖惩制度，使得企业在激励相关部门和人员时有合理、可靠的依据，能够对员工实施公正的奖惩，调动员工的积极性，确保企业战略目标的最终实现。

在设计全面预算基本业务流程及内容时，应该能够通过流程的运行，获得以上信息。

二、全面预算基本业务流程及内容的设计思路和方法

全面预算的基本业务流程包括四个核心环节：战略规划、预算编制、预算执行和调整、预算考核。战略规划是全面预算的导向，是确定预算目标的重要依据，是预算编制的起点；预算编制包括编制、审批和下达三个主要环节；预算执行和调整过程中要进行实时控制、预算分析和预算调整；根据预算执行结果进行预算考核，考核结果是绩效管理的依据。预算管理应基于先进的 ERP 信息系统的支撑，才能进行实时把握、动态控制，充分发挥预算管理的功能和作用。预算编制、执行、分析、调整和考核形成一个围绕战略目标的闭环管理。基于大中型企业应用的 ERP 信

息系统，全面预算基本业务流程一般设计示例图如图1-2所示。企业可以参照图1-2的设计思路，结合自身情况，设计具体的全面预算业务流程及内容。

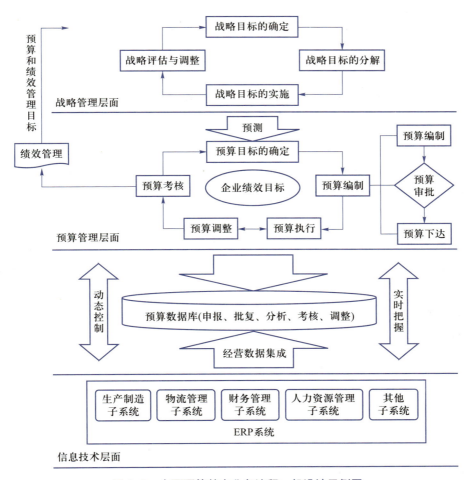

图 1-2　全面预算基本业务流程一般设计示例图

任务二

预算编制流程及内容设计

一、预算编制及审批过程中的主要风险

（一）预算编制风险

1. 预算编制部门方面的风险

如果预算编制以财务部门为主，业务部门参与度较低，可能导致预算编制不合

理，预算管理责、权、利不匹配；预算编制范围和项目不全面，各个预算之间缺乏整合，可能导致全面预算难以形成。

2. 预算编制程序方面的风险

如果预算编制程序不规范，横向、纵向信息沟通不畅，可能导致预算目标缺乏准确性、合理性和可行性。

3. 预算编制方法方面的风险

如果预算编制方法选择不当或强调采用单一的方法，可能导致预算目标缺乏科学性和可行性。

4. 预算目标及指标体系设置方面的风险

如果预算目标及指标体系设置不完整、不合理、不科学，可能导致预算管理在实现发展战略和经营目标、促进绩效考核等方面的功能难以有效发挥。

（二）预算审批风险

如果全面预算未经适当审批或超越授权审批，可能导致预算权威性不够、执行不力，或可能因重大差错、舞弊而导致损失。

（三）预算下达风险

如果全面预算没有以文件的形式下达执行或下达不力，可能导致预算执行、考核无据可查。

二、预算编制提供的信息

通过预算编制，可以为企业内部决策提供如下信息。

（一）预算编制主体

通过该信息，可以反映出企业预算的编制是否遵循业财融合原则，是否体现了全过程、全方位、全员参与。

（二）预算编制方法

通过该信息，一是可以判断企业是否因地制宜选择预算编制方法；二是选择的方法是否符合战略目标、企业特点和业务特点，是否充分发挥了各种编制方法的优势，使预算更具有指导意义。

（三）预算编制权责落实情况

通过该信息，可以确定预算编制程序是否合理，是否贯彻了不相容职务分离、授权批准等内部控制方法；是否存在随意审批的乱象；预算的下达是否正式、严肃。

三、预算编制和审批流程及内容的设计思路和方法

为了规避上述预算编制风险，加强内部控制，提供管理决策需要的信息，需设

预算编制流程及内容设计

8

计预算编制流程、明确流程中各环节的具体内容。预算编制一般流程及内容设计图如图 1–3 所示。

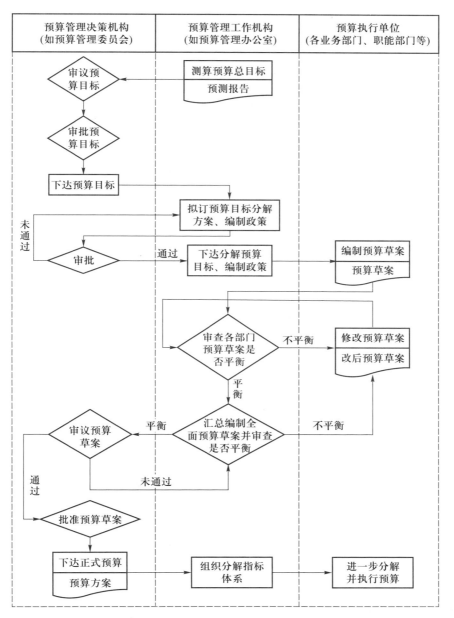

图 1–3 预算编制一般流程及内容设计图

从图 1–3 中可以看出，预算编制流程包括三个主要环节，即预算编制环节、预算审批环节和预算下达环节，涉及预算管理决策机构、预算管理日常工作机构和预算执行单位多个主体，各主体各司其职，完成预算编制工作。企业根据其预算管理组织架构，针对组织架构中各层次的权利和职责，对应图 1–3 中的具体任务，参照完成预算的编制工作。下面对流程图中的重点内容进行说明。

（一）测算预算总目标

在测算预算总目标时，一方面应以企业发展战略和年度生产经营计划为导向；另一方面应进行充分的市场调研，综合考虑预算期内经济政策变动、行业市场状况、产品竞争能力以及企业自身内部环境变化等因素对生产经营活动可能造成的影响。预算目标的制定与审批属于不相容职务，必须相分离，同时必须贯彻授权审批原则。

（二）分解预算目标

在分解预算目标时，应当建立系统的指标分解体系，将价值量指标与核算指标、管理指标、经营目标、绩效考核等有机结合，并且应与各业务部门、职能部门进行充分的沟通，保证分解、细化之后落实到各责任中心的量化指标是通过其努力可以达成的。比如成本费用指标必须与财务核算体系中的成本费用项目口径一致。

（三）预算编制政策

预算编制政策可以以大纲的形式下发，在预算编制大纲中应明确指导思想、总体思路、市场形势、总体目标、编制原则、编制流程、编制内容及方法、编制分工及有关要求等。就编制方法而言，不一定只采用一种方法，可以针对不同的预算内容采用固定预算、弹性预算、零基预算、增量预算、滚动预算等合适的方法，对于执行作业成本法的企业可以选择作业预算法。

（四）编制预算草案

各业务部门、职能部门按照下达的编制分工、预算目标和编制政策，认真测算并编制本责任中心的预算草案。各部门所承担的编制任务，不同的企业因其组织形式不同而存在差异。通常，销售预算由销售部门编制，采购计划预算由采购管理部门编制，生产预算、制造费用预算和成本预算由生产部门编制，研发费用预算由研发管理部门编制，人力资源预算由人力资源部门编制，等等。预算草案包括预算报表和预算编制说明，预算编制说明需对预算报表的内容进行详细解释说明，并附相关附件依据、业绩报表。之后，在规定的时间内逐级汇总上报。

（五）审议、审批预算草案

在审议、审批预算草案时，应从企业发展全局角度考虑，确保全面预算与企业发展战略、年度生产经营计划相协调，而且审议通过的正式预算应以文件形式下达。预算的编制与审批属于不相容职务，必须相分离，同时必须贯彻授权审批原则。

✎ 边学边练

训练资料：华夏公司是山西省太原市一家生产、销售服装的制造企业，其内部组织架构图如图1-4所示。

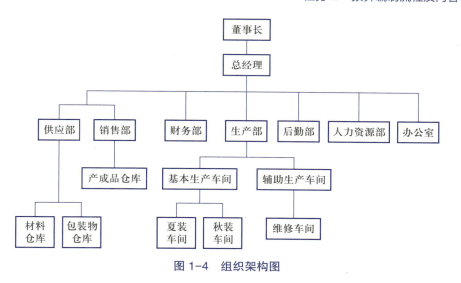

图1-4 组织架构图

华夏公司的产品包括T恤衫、连衣裙、男式夹克和女式风衣。夏装车间生产T恤衫和连衣裙，秋装车间生产男式夹克和女式风衣。产品的主要原材料为布料、扣子、松紧带和线。

该公司全面预算的组织体系包括预算管理委员会、预算管理办公室及各预算责任中心。预算管理委员会是公司预算管理的决策机构，成员由公司领导组成；预算管理办公室是公司预算管理的具体管理机构，负责总体预算工作的组织和协调，设在财务部；预算责任中心是公司预算管理的执行机构，直接承担预算责任，包括各业务部门与职能部门，并按作业进行层层分解细化到班组或个人。

公司预算业务流程的设计，以企业发展战略为设计主线，形成"年度计划指标下达—预算编制汇总审批—下达预算执行命令—动态监控预算执行情况—预算信息反馈分析—预算考核评价—指导、修正公司下一步发展计划及发展战略"的闭环流程。其中，销售部门在进行详细的市场预测与分析的基础上，制订销售计划；采购部门根据物料需求计划制订采购计划。

训练任务：结合预算业务内部控制及内部管理信息需求，完成以下任务：

1. 绘制华夏公司销售预算编制流程；

2. 绘制华夏公司材料采购预算编制流程。

大赛直通车

"材料采购预算编制流程设计"的操作步骤：

（1）在全国职业院校技能大赛高职组会计实务技能赛项平台（以下简称"平台"）中打开"新加流程"界面，输入流程名称：材料采购预算编制，见图1-5。

图 1-5　新加预算流程图

（2）单击"材料采购预算编制"流程名称，出现流程设计画布。画布中有诸如"开始""业务发起""业务操作""审批任务""开具发票""索取发票""生成凭证""审核凭证""结束"等流程符号，流程设计时可使用这些流程符号。流程设计画布图见图 1-6。

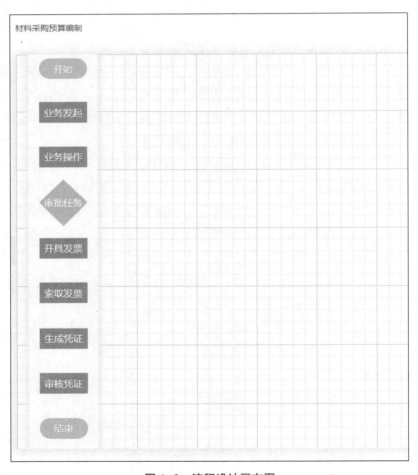

图 1-6　流程设计画布图

（3）"材料采购预算编制"流程设计使用"开始""业务发起""审批任务""结束"4个流程符号。首先拖拽"开始"到画布上；然后进行"业务发起"的操作，对"任务属性"进行如下修改：任务名称——编制材料采购预算表、发起人类型——指定角色、选择发起人——采购专员、选择表单——材料采购预算表。"业务发起"设计操作图见图1-7。

图1-7 "业务发起"设计操作图

（4）根据企业预算管理制度的规定，对"材料采购预算表"设置对应的审批节点，可以依次为：采购经理、财务经理、财务总监、总经理、预算管理委员会等审批。每一次审批都需要对任务属性进行设置。"业务审批"设计操作图见图1-8。

（5）所有的审批结束后，材料采购预算编制流程设计完毕，单击"结束"符号，然后再单击"保存流程"和"发布流程"。"结束流程"设计操作图见图1-9。

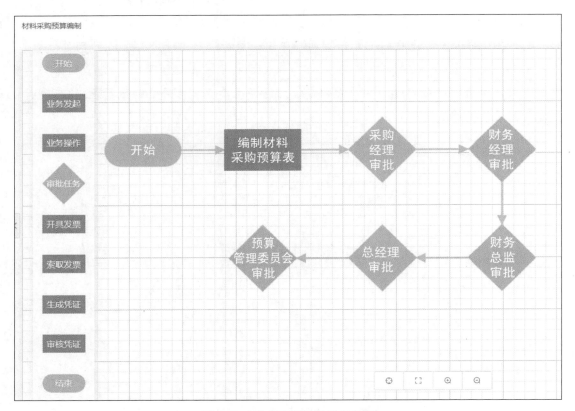

图 1-8 "业务审批"设计操作图

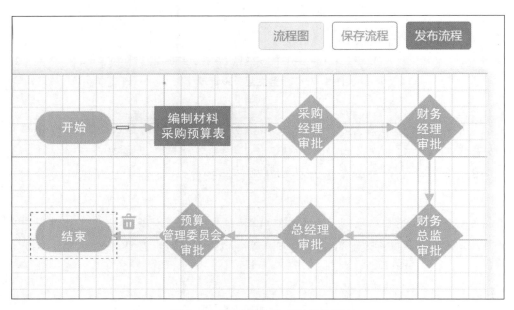

图 1-9 "结束流程"设计操作图

提示

其他预算编制流程的设计同理。

四、预算编制表单的设计

（一）设计思路

企业应设计收入、成本、费用、现金流、投资等各种预算编制表以及预算汇总表，应用于预算编制流程中的相应节点。其内容应体现各种经营预算、专门决策预算和财务预算的基本内容；反映出预算编制过程中内部控制的关键点，主要通过编制、审核、审批签名来体现；提供上述预算编制环节应该提供的信息。所有的预算编制工作需要在 ERP 信息系统中完成，所以，编制时应区分填列区和非填列区，设定填列类别限定，表格间相同项目只输入一次，汇总通过自动的方式实现等。之后其他项目任务表单的设计同理。下面以经营预算为例具体说明预算编制表单的设计思路。

1. 收入预算编制表

（1）收入预算编制表要按照业务拆解预算目标，具体体现为按照企业的业务活动、产品名称等分别编制，比如研发业务、咨询服务类业务、租赁业务、甲产品、乙产品等；如果可行，可以再分客户拆解预算目标。

（2）收入预算编制表既要反映销售收入额，又要反映现金收入额；有全年的数据，还需有各季度、各月的数据；可以反映业务的增长情况，比如同比增长的数量、金额等。

（3）收入预算编制表的编制部门一般是销售部门，编制人员是销售部门指定的人员；审核人员是销售部门负责人和其他的授权人员，不同的企业存在差异，取决于单位的组织架构和预算管理组织架构；审批人员的确定同理。

2. 成本、费用预算编制表

（1）划分业务，然后按照成本、费用的不同类别分别编制，具体分为直接材料、直接人工、制造费用、期间费用等。

（2）对于制造费用、管理费用、销售费用、财务费用预算，需要按照若干费用项目分别反映；费用项目名称应该与明细账户名称保持一致，便于预算执行的分析和考核；将费用分为变动费用与固定费用、可控部分与不可控部分，也便于预算执行的分析和考核。

（3）成本、费用预算编制表既要反映成本、费用金额，又要反映现金支出额；有全年的数据，还需有各季度、各月的数据；可以反映成本、费用的变化情况，比如同比增加、减少等。

（4）直接材料预算主要由采购部门负责编制，直接人工预算主要由人力资源部门负责编制，制造费用和产品成本预算主要由生产部门负责编制，期间费用由对应的职能部门负责编制；审核人员是各部门负责人和其他的授权人员，不同的企业存在差异，取决于单位的组织架构和预算管理组织架构；审批人员的确定同理。

🔍 大赛直通车

各预算编制表单主要包括以下三个内容：① 标题；② 编制部门人员信息：编制部门、编制人、编制日期；③ 预算明细信息，比如"材料采购预算表"的预算明细信息包括：材料名称、预计生产量、产品的材料消耗定额、计划的期初期末材料存量、材料的计划单价以及预计付款比例等。

（二）设计样式

销售收入预算表、销售回款预算表的样式如表1-1和表1-2所示。

✏️ 边学边练

训练任务：结合华夏公司预算业务内部控制及内部管理信息需求，完成以下任务：

1. 设计"年度销售收入预算表"。

要求：① 分产品、分销售人员设计；② 分季度、按月份设计；③ 反映上年实际情况；④ 包括销售回款情况以及应收账款的变动情况。

2. 设计"年度材料采购预算表"。

要求：① 分别各种材料进行设计；② 分季度、按月份设计；③ 反映上年实际情况；④ 反映出各种产品预计生产量、各种产品对应的预计消耗材料定额；⑤ 包括采购付款情况以及应付账款的变动情况。

表1-1 ××年销售收入预算表

单位: 人民币元

编制单位:

产品名称	计量单位	全年合计		同比增长			预算年度数																										××年累计数	
							第1季度						第2季度						第3季度						第4季度									
		销量	金额	增长数量	增长金额	增长金额比例	1月		2月		3月		第一季度小计		4月		5月		6月		第二季度小计		7月		8月		9月		第三季度小计		10月		11月		12月		第四季度小计		销量	金额
							销量	金额	销量	金额	销量	金额	销量	均价	金额	销量	金额	销量	金额	销量	金额	销量	均价	金额	销量	金额	销量	金额	销量	金额	销量	均价	金额	销量	金额	销量	金额	销量	均价	金额		

单位负责人: 部门负责人: 制表:

填表说明: 1. 根据产品销售年度经营目标值,预计编制年度将会签订跨预算年度的合同中所列示的产品的名称,销售量和销售金额,并结合当年已签订跨预算年度的合同中所列示的产品的名称,销售量和销售金额,预测产品的名称,销售量和销售金额,填写本预算。

2. 根据分解的预算年度经营目标值和各产品销售计划,参考上年同期的销售收入预算,填写预计各月销售数量。

3. 根据产品市场的价格波动趋势和市场提供的最新市场价格,预算各种预计新签合同产品的各月的预计销售单价,销售金额(单价×销售数量),并据此填写各种预计新签合同产品各月的预计销售金额。

表1-2 ××年度销售回款预算表

单位: 人民币元

编制单位:

产品名称	上年度全年回款合计	全年合计			第1季度									第2季度									第3季度									第4季度								
		回收以前年度款	预收本年度款	小计	1月			2月			3月			季度小计			4月			5月			6月			季度小计			7月			8月			9月			季度小计	
					回收以前年度款	预收本年度款	小计	回收以前年度款	预收本年度款	小计	回收以前年度款	预收本年度款	小计	回收以前年度款	预收本年度款	小计	回收以前年度款	预收本年度款	小计	回收以前年度款	预收本年度款	小计	回收以前年度款	预收本年度款	小计	回收以前年度款	预收本年度款	小计	回收以前年度款	预收本年度款	小计	回收以前年度款	预收本年度款	小计	回收以前年度款	预收本年度款	小计	回收以前年度款	

单位负责人: 财务负责人: 制表:

填表说明: 1. 根据对相应产品历史销售回款记录,相应客户历史付款记录,公司的客户信用管理政策及对未来市场的付款变动情况的预测等,预计销售货款的回款时间和相应的销售回款率。

2. 产品种类品种繁多的,可按品种填列,其他小品种可按类别合并填列。

3. 增值税销项额的流入,退货产生的销项税额须回在在表产生的现金流量反映。

4. 假设销售回款政策为当月销售额的90%,余下尾款在次月全部回款。

任务三　预算执行流程及内容设计

一、预算执行过程中的主要风险

预算执行过程中需要进行过程监控、预算分析，当主客观环境发生变化时，还有必要对预算进行调整，所以，预算执行过程中的主要风险表现在以下几方面。

（1）缺乏严格的预算执行授权审批制度，可能导致预算执行随意、越权审批、重复审批等，降低预算执行效率和严肃性。

（2）缺乏有效监控，导致预算执行不力，预算目标难以实现。

（3）缺乏健全有效的预算反馈和报告体系，可能导致预算执行情况不能及时反馈和沟通，预算差异得不到及时分析，预算监控难以发挥作用。

（4）预算分析不正确、不科学、不及时，可能削弱预算执行控制的效果，或可能导致预算考评不客观、不公正。

（5）对预算差异原因的解决措施不得力，可能导致预算分析形同虚设。

（6）预算调整依据不充分、方案不合理、审批程序不严格，可能导致预算调整随意、频繁，预算失去严肃性或"硬约束"。

二、预算执行提供的信息

企业需要通过预算执行提供的信息，及时解决执行过程中出现的问题，制订预算改进措施，进行绩效评价以及对今后预算工作做好部署等。据此，通过预算执行可以为企业决策提供如下信息。

（1）各责任中心是否严格执行预算。通过该信息可以反映出企业是否贯彻了权变性原则，是否保证了预算的刚性。

（2）预算目标的完成情况，预算执行结果与预算的偏差及其原因分析。通过该信息，首先可以反映出预算的实时监控是否到位，是否真正履行了预算控制的程序；其次可以及时发现问题，采取补救措施，确保企业的采购、销售、生产、研发等各项业务和事项均能有序进行；再次可以提供绩效评价的依据；最后，吸取经验教训改进以后的预算工作。

（3）各项预算内支出是否按照相关制度规定的审批流程进行授权审批，预算外支出、超预算支出是否经过严格、特殊的审批程序。通过该信息，其一可以检验资金内部控制制度是否健全；其二可以检验是否严格执行了资金管理制度；其三可以保证资金的安全完整。

（4）是否需要调整预算、预算调整是否符合条件以及调整程序是否规范。通过该信息，可以反映出预算调整是否随意、频繁，调整依据是否充分、调整方案是否合理，是否存在以权谋私等违法行为以及低效、浪费等不良行为；也可以从另一个角度体现出是否充分发挥了预算的指导作用。

三、预算执行与调整流程及内容的设计思路和方法

预算执行与调整需规避预算执行过程中的主要风险，加强内部控制，提供管理决策的信息。预算执行一般流程及内容设计图见图 1-10，预算调整一般流程及内容设计图见图 1-11。

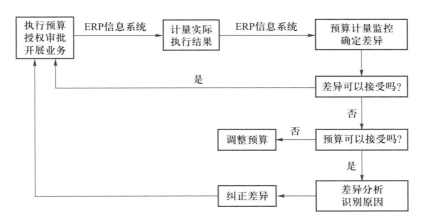

预算执行流程及内容设计

图 1-10　预算执行一般流程及内容设计图

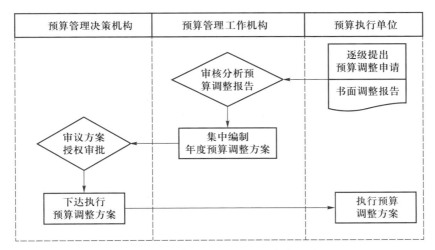

图 1-11　预算调整一般流程及内容设计图

（一）预算执行流程重点设计内容说明

（1）实时监控。

根据图 1-10 的设计思路，首先将预算执行与 ERP 信息系统有机融合，通过

ERP 信息系统及时获得业务开展的情况和结果、是否与预算产生偏差、偏差是多少等信息，实现实时监控。

（2）对采购与付款业务、销售与收款业务、生产成本、各项费用以及资金等业务，凭证传递和手续审批是预算执行过程中控制的重点。尤其是资金支付业务，对于预算内一般事项，可以按照一般授权批准程序，实行正常的、相对简化的审批程序；对于预算内非常规或金额重大事项，应经过较高的授权批准层审批；对于超预算或预算外事项，应当实行严格、特殊的审批程序。具体的审批人员的确定，要根据企业的治理结构、组织架构来确定。

（3）定期召开预算分析会议，对预算的执行情况进行全面分析，反映存在的问题，查找偏差形成的原因。

① 进行差异分析时不仅需要内部资料，还需要搜集外部资料，以确定影响预算执行结果的有关外部因素变动信息。

② 进行差异分析时可以从一些综合性财务指标入手，逐步分解。预算差异分析流程图如图 1-12 所示。

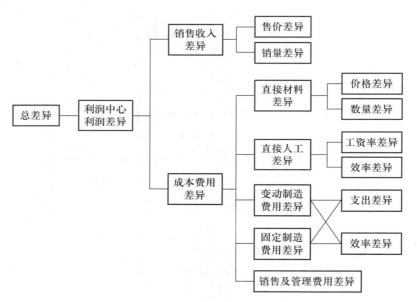

图 1-12 预算差异分析流程图

③ 预算分析按照职责分工由预算组织架构中的各个层级共同完成。

各预算执行单位对归口预算执行情况进行专业分析，找出差异的原因并反馈给预算管理工作机构；预算管理工作机构负责对预算的总体执行情况进行汇总、综合分析，撰写预算执行情况分析报告；预算决策机构要定期对预算执行分析报告进行系统分析，对存在的问题及出现偏差较大的重大项目，责成有关部门查找原因，根据不同的原因提出改进措施和建议。如果是客观原因造成的或是不可控的，就要调整预算；如果是主观原因或是可控的，就要严格管理，也可以编制滚动预算，纠正预算的偏差，同时将预算差异与预算考核和奖惩挂钩。

④预算分析可根据预算执行进度，分为月度预算分析、季度预算分析和年度预算分析，各时段预算分析应突出分析重点。

一般来讲，月度预算分析应突出分析损益性预算的执行情况，及时监控利润预算的执行，通过当月预算完成情况与月度滚动预算对比分析，掌握执行差异，如月度成本费用分析；季度预算分析应全面分析预算的执行情况，分析查找业务预算的执行偏差，并结合滚动预测，及时调整下季度预算安排，如季度收入执行情况；年度预算分析应全面、系统地分析企业年度预算总体指标达成情况，对年度预算进行汇总，与战略目标与年度目标进行对比，总结年度各项经济活动对企业预算的影响，评价各业务预算指标的完成质量，提出下一年度的预算目标，如 EVA 分析。

头脑风暴

5~6 人组成一个小组，分别扮演预算管理组织架构中的不同角色，针对直接材料成本差异、直接人工成本差异、销售收入差异等，分析预算执行差异原因，并提出改进措施。

（二）预算调整流程重点设计内容说明

预算正式下达以后，没有特殊情况一般不予调整。然而，在预算执行过程中，如果内部经营条件、外部竞争环境、国家产业政策等因素发生较大变化，导致原来编制的预算与执行结果发生重大偏差时，可以适当调整预算。不同的企业对于预算的具体调整各有不同，但是都应对预算调整范围、调整程序和调整权限进行清晰的界定，使得预算调整既能满足战略管理的需求，又能使预算调整有序进行。

（1）预算调整应当由预算执行单位以书面报告的形式提出申请，在申请报告中具体分析说明预算调整的客观变化因素、影响程度以及调整幅度等。调整的原因主要有：企业战略发生重大变化，重新制订了公司经营计划；国家宏观政策大幅调整；公司体制改革；发生不可抗力事件以及大型自然灾害的影响等。

（2）预算管理工作机构对预算调整报告进行审核分析，之后，集中编制年度预算调整方案。

（3）预算管理委员会对年度预算调整方案进行审议。审议内容包括：预算调整事项是否符合企业发展战略和现实的生产经营状况、预算调整重点是否放在了重要的或非正常的关键性差异方面、预算调整对企业目标的影响程度、预算调整方案是否客观、合理等。之后，根据授权进行审批或提交原预算审批机构审议批准，然后下达预算责任中心执行。

大赛直通车

预算调整流程设计图见图 1-13。

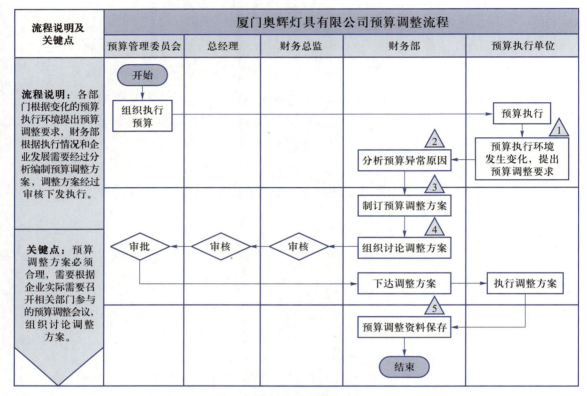

图 1-13　预算调整流程设计图

四、预算执行和调整表单设计

（一）设计思路

企业应设计各种预算执行和调整表单，应用于预算执行和调整流程中的相应节点。其内容应体现各项预算内事项、预算外事项的执行和分析情况以及预算调整的具体情况；反映出预算执行和调整过程中内部控制的关键点，主要通过编制、审核、审批签名来体现；提供上述预算执行环节应该提供的信息。预算执行和调整表单一般包括预算执行责任书、预算内事项申请书、预算外事项申请书、预算执行差异分析表、预算结果分析表、预算调整申请表等。下面以全面预算执行差异分析表、预算调整申请表为例具体说明预算执行表单的设计思路。

1. 全面预算执行差异分析表

（1）在预算执行过程中，各级预算执行单位（部门）应定期召开预算例会，对本部门预算执行情况进行总结、分析。频率可以是年度、半年度、季度和月度，对于现金流预算甚至可以按周进行。

（2）对照本部门各项预算指标，编制全面预算执行差异分析表，表中应包括：预算执行情况（本期实际完成数、累计实际发生数）、实际数和预算数的差异、差异原因分析、不利差异的改进措施、有利差异的推广建议、下期的工作重点等。

（3）进行季度预算执行情况差异分析时，应进行下季度预测，包括但不限于市场分析、销售收入预测、重大成本支出预测、季度利润预测、资本性支出完成预测等。

2. 预算调整申请表

（1）预算调整申请表的设计内容通常包括：标题、申请人信息、申请日期、调整项目名称、调整期间、调整原因、调整的建议方案、调整前后预算指标的比较、调整后预算指标可能对企业预算总目标的影响、预计执行情况和保障措施等，其中申请人与各项预算的编制人应保持一致。

（2）编制部门是预算调整申请部门，并指定专人编制，审核人员首先是本部门的负责人，其他审核人员以及审批人员比照预算编制时的情况设置。

🔍 大赛直通车

预算调整申请表是预算调整流程的专用表单，某公司的预算调整申请表主要包括以下 6 个内容：① 标题；② 申请人信息；③ 申请日期；④ 预算调整项目名称；⑤ 预算调整原因；⑥ 申请调整额度。申请人与各项预算的编制人应保持一致。

（二）设计样式

本书列示两张主要的表单：全面预算执行差异分析表和预算调整申请表，如表1-3 和表 1-4 所示。

表 1-3　全面预算执行差异分析表

编制单位：　　　　　　　　　编制时间：　　　　　　　金额单位：

项目	本季预算	本季实际	本季实际与预算差异	本季实际占当季预算比例（％）	原因分析	责任归属	改进措施
			绝对差异				

续表

项目	本季预算	本季实际	本季实际与预算差异		本季实际占当季预算比例（%）	原因分析	责任归属	改进措施
			绝对差异					

表1-4 预算调整申请表

申请部门：   申请人：   申请日期：   申请部门负责人：

预算项目	原预算金额	已执行金额	未执行金额	调整后金额	调整金额（+/−）	调整比率	调整原因	审核、批复意见	备注

✎ **边学边练**

训练任务：结合华夏公司预算业务内部控制及内部管理信息需求，设计销售预算执行分析表。

要求：① 分客户、分产品设计；② 分别销售数量、销售金额反映各季度的实际与预算的差异额和差异率；③ 反映收款情况的差异；④ 进行原因分析。

任务四 / 预算考核流程及内容设计

一、预算考核的主要风险

预算考核是对预算管理工作中各环节工作质量的评价，以促进预算管理工作水平的提升，主要考核内容包括：预算编制的准确性、及时性和规范性，预算执行程序的规范性，预算报表及报告的及时性、透彻性、全面性和系统性，预算工作组织的周密性等。这里主要说明对各预算责任部门的预算执行情况的考核，是管理者对执行者实行的一种有效的激励和约束形式，其主要风险包括：

（1）预算考核不严格、不全面、不合理、不到位，可能导致预算目标难以实现，预算管理流于形式。

（2）考核主体和对象的界定是否合理、考核指标是否科学、考核过程是否公开透明、考核结果是否客观公正、奖惩措施是否公平合理，影响预算的落实与执行，影响预算的约束与激励功能。

二、预算考核提供的信息

通过预算考核可以为企业决策提供如下信息。

（一）考核周期

通过考核周期信息，可以反映出企业的预算考核是否及时，是否关注月度、季度的日常考核，是否通过及时奖惩发挥了预算考核的作用。

（二）考核主体和考核对象

通过确定的考核主体和考核对象，可以看出企业预算管理的权责划分是否明确，是否做到了上级考核下级、逐级考核、预算执行与考核相分离，进而决定考核是否公平、公正。

（三）设置的考核指标

通过设置的考核指标，一方面，可以反映出考核的内容与预算内容是否一致，是否按照责任和权利相对等的原则进行考核，进而折射出考核的公平性、合理性和考核的意义；另一方面，可以看出是否兼顾了财务指标与非财务指标的结合、定量指标与定性指标的结合，比如，产品质量、新产品的研发设计完好率、设备利用率等指标应纳入考核，进而反映出通过考核指标的设置是否有利于企业的可持续发展。

（四）各项考核指标的完成情况

通过该信息，一是可以反映出企业预算是否得到有效执行、预算目标的实现情况以及企业目标的实现情况；二是可以作为绩效管理的基础数据，为企业进行奖惩提供依据；三是通过进一步分析可以找出企业发展的重要影响事项，总结出企业增长的轨迹和变化的趋势；四是可以获得对企业管理改进及未来工作有借鉴意义的经验。

三、预算考核流程及内容的设计思路和方法

为了规避上述预算考核风险，加强内部控制，提供管理决策需要的信息，应设计预算考核流程、明确流程中各环节的具体内容。全面预算考核一般流程及内容设计图如图1-14所示。

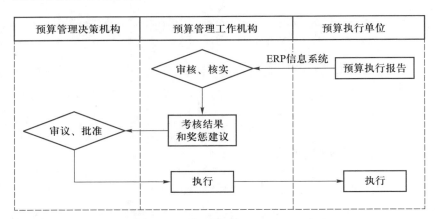

图 1-14 预算考核一般流程及内容设计图

下面对流程图中的重点内容进行说明。

（1）预算管理工作机构对预算执行单位定期上报的预算执行报告，首先，要通过 ERP 信息系统进行核实，保证其真实性、正确性。其次，根据该报告分析各预算执行单位预算指标的完成情况。根据企业的预算考核和奖惩方案中确定的预算考评指标、考评标准、考评方法和各个指标评价权重等内容，进行打分。完成目标值得基础分，优于目标值加分，劣于目标值减分，据此得出考核分值。这些工作，都可以借助 ERP 信息系统来完成。最后，根据考核结果，提出奖惩建议，报预算管理委员会审议、批准。

（2）预算管理决策机构对考核结果的客观性、公正性、合理性进行复核，并进行审批。审批之后的奖惩建议，要及时予以实施。预算管理工作机构要逐项落实责任，对相关责任部门进行奖惩，对完成指标的单位给予奖励，对没有完成指标的单位进行惩罚，并及时兑现奖惩金额。

（3）各预算执行单位执行奖惩方案时，应分级进行，实现各部门、各层次责、权、利有机统一。具体讲，上级考核下级，即上级预算责任单位对下级预算责任单位实施考核；逐级考核，即由预算执行单位的直接上级对其进行考核，间接上级不能隔级考核间接下级。

（4）各预算执行单位组织实施本单位内部的预算考核和奖惩工作，将奖罚金额进行二次分配，具体落实到各人员，完成指标的员工给予奖励，没有完成指标的员工给予惩罚，将预算管理与激励约束机制紧密结合。

四、预算考核表单设计

企业应设计各种预算考核表单，应用于预算考核流程中的相应节点。其内容应体现考核指标、分值等具体内容；反映出预算考核过程中内部控制的关键点，主要通过编制、审核、审批签名来体现；提供上述预算考核环节应该提供的信息。下面通过一张预算通用考核表具体说明预算考核表单的设计思路和方法。

（一）设计思路

（1）预算通用考核表设计的核心内容是考核指标的完成情况和分值计算。应针对各责任中心的每一个预算项目分别计算，并区分预算项目的重要程度，分别授予不同的权重。通常将预算考核指标分为基本指标、辅助指标、修正指标和否决指标，其中基本指标是核心指标，不同责任中心的目标不同，基本指标也不同，比如投资中心的基本指标是投资报酬率，成本费用中心的基本指标是可控成本费用或收入成本费用降低率；辅助指标进一步规范企业的经营效益；修正指标在基本指标和辅助指标的基础上，突出公司经营的关注点，对战略因素进行补充；否决指标则对责任中心的预算目标实行一票否决制，比如安全生产等指标。

（2）"预算通用考核表"应明确考核部门、考核期间，并由授权的专人进行复核和审批。

（二）设计样式

预算通用考核表如表 1–5 所示。

表 1–5 预算通用考核表

考核部门：　　　　　　　　　考核时间：　　　　　　　　　考核期间：

指标体系					本期实际值	本期预算值	分值
类别	序号	构成指标	指标权重	类别权重			
基本指标							
小计①			100%				
辅助指标							
小计②			100%				
合计③＝①＋②				100%			
修正指标			预算差异复核				
			预算准确率				
			预算反馈及时性				
修正系数④				100%			

续表

指标体系					本期实际值	本期预算值	分值
类别	序号	构成指标	指标权重	类别权重			
修正后分值 ⑤＝③×④							
否定指标⑥							
综合分值 ⑦＝⑤×⑥							
备注：							

审批：　　　　　　　复核：　　　　　　　制表：

 "岗课赛证"融通训练 >>>

一、单项选择题

1. 以下不属于企业日常业务预算的是（　　　）。

A. 销售预算　　　　B. 生产预算　　　　C. 投资预算　　　　D. 费用预算

2. 设计全面预算基本业务流程，不需要考虑为企业内部管理决策提供的信息是（　　　）。

A. 生产经营活动是否符合企业的战略目标

B. 资源配置是否科学合理

C. 为绩效考核提供科学依据

D. 生产经营活动的实际结果

3. 在销售预算编制流程的设计中，必须设计的表单是（　　　）。

A. 采购预算表　　　B. 销售预算表　　　C. 生产预算表　　　D. 费用预算表

4. 以下不属于费用预算表单中应该包含的元素是（　　　）。

A. 产品名称　　　　　　　　　　B. 部门

C. 业务招待费明细金额　　　　　D. 差旅费明细金额

5. 设计预算编制流程，不需要考虑的风险是（　　　）风险。

A. 预算编制　　　　　　　　　　B. 预算审批

C. 预算下达　　　　　　　　　　D. 预算调整

6. 设计预算执行流程时，超预算或预算外事项的审批程序相较于预算内事项的审批程序，不正确的说法是（　　　）。

A. 相对简化　　　　　　　　　　B. 更严格

C. 执行特殊的审批程序　　　　　D. 相对复杂

7. 在设计预算调整流程时，不能进行调整的情形是（　　　）。

A. 公司体制改革　　　　　　　　　　B. 国家宏观政策大幅调整

C. 发生不可抗力事件　　　　　　　　D. 预算执行不力

8. 预算调整应当由预算执行单位以书面报告的形式提出申请，通常不属于在申请报告中需要分析说明的情况是（　　　）。

A. 预算编制存在的问题　　　　　　　B. 预算调整的客观变化因素

C. 预算调整的影响程度　　　　　　　D. 预算的调整幅度

9. 在设计预算考核表单时，不属于考核指标设计应考虑的因素是（　　　）。

A. 预算编制指标

B. 兼顾财务指标与非财务指标的结合

C. 兼顾定量指标与定性指标的结合

D. 只设置财务指标和定量指标

二、多项选择题

1. 企业应基于（　　　　　　　），设计全面预算基本业务流程。

A. 全面预算风险　　　　　　　　　　B. 加强内部控制

C. 内部管理决策信息需求　　　　　　D. 财务需要

2. 企业编制全面预算的基本流程包括（　　　　　　）核心环节。

A. 预算编制　　　　B. 预算执行和调整　　C. 战略规划　　　D. 预算考核

3. 设计预算编制流程，应包括（　　　　　　）等具体环节。

A. 预算资料收集　　B. 预算编制　　　C. 预算审批　　　D. 预算下达

4. 以下属于预算执行流程设计内容的有（　　　　　　）。

A. 预算责任落实　　　　　　　　　　B. 预算执行实时控制

C. 预算分析　　　　　　　　　　　　D. 预算调整

5. 以下属于预算考核流程设计内容的有（　　　　　　）。

A. 业绩评价　　　　B. 落实奖惩　　　C. 偏差分析　　　D. 预算调整

6. 如果预算编制程序不规范，横向、纵向信息沟通不畅，可能导致预算目标（　　　　　　）。

A. 缺乏准确性　　　B. 缺乏合理性　　　C. 缺乏可行性　　D. 无法执行

7. 在设计预算编制流程时，如果缺少了预算审批环节或者审批设计不合理，可能导致的风险有（　　　　　　）。

A. 预算权威性不够　　　　　　　　　B. 预算执行不力

C. 因重大差错导致损失　　　　　　　D. 因重大舞弊导致损失

8. 预算编制流程的设计，应体现出（　　　　　　）。

A. 预算编制主体

B. 不相容职务分离、授权批准等内部控制方法的贯彻

C. 授权审批情况

D. 预算下达情况

9. 通过预算执行流程的设计，可以为企业管理层提供的信息包括（   ）。

A. 各责任部门是否严格执行预算

B. 预算目标的完成情况

C. 预算编制的科学合理性

D. 预算内支出是否按照相关制度规定的审批流程进行授权审批

10. 预算考核流程设计不科学，可能导致（   ）。

A. 预算考核不严格   B. 预算考核不全面

C. 预算考核不合理   D. 预算考核不到位

三、判断题

1. 全面预算的本质是一种管理工具，是为了实现企业战略目标而采用的控制手段。（   ）

2. 预算编制、预算执行、预算考核三个流程的设计是有关联的，应该是前后衔接、相互作用，并且进行周而复始的循环。（   ）

3. 在设计全面预算基本业务流程及内容时，应明确预算管理体制，明确各预算执行单位的职责权限、授权批准程序和工作协调机制。（   ）

4. 设计各项预算编制流程，在涉及审批时，同一个部门的人员职级在同一审批环节必须是由大到小。（   ）

5. 设计各预算编制表单，应注意体现各项预算的基本内容、反映内部控制的关键点。（   ）

6. 各预算执行单位可以根据预算执行的偏差，对预算进行调整。（   ）

7. 预算调整的申请人与预算的原编制人不应该是同一人，以贯彻不相容职务分离。（   ）

8. 在设计预算考核流程时，可以跨级进行考核。（   ）

9. 预算通用考核表的设计内容应包括考核部门、考核期间、考核指标以及授权审批等。（   ）

10. 设计预算通用考核表时，考核指标只能是财务指标。（   ）

项目二
采购业务流程与内容设计

2

 学习目标 ▶▶▶

知识目标

1. 了解采购业务流程及内容的设计理念和思路
2. 了解采购业务各环节存在的风险
3. 明晰采购业务各环节内部管理决策的信息需求
4. 掌握请购业务、订货业务、验收业务和付款业务业财一体化的设计方法

能力目标

1. 能够针对具体企业的采购特点、信息需求与风险因素，设计个性化的采购业务流程
2. 能够设计基本的采购业务表单

素养目标

1. 培养廉洁自律的职业素养——通过采购业务流程设计中风险的管控，抵制采购人员违法乱纪行为，保护采购物资和资金的安全，逐步培养廉洁自律的职业素养
2. 践行诚信品质——诚信是治企之本、兴企之源，将诚信经营理念嵌入采购业务流程的设计中，不赖账、不无故拖欠账款、及时付款，践行诚信品质
3. 驱动大数据思维——依托企业的业财一体化信息，进行采购业务决策训练，驱动大数据思维

思维导图 >>>

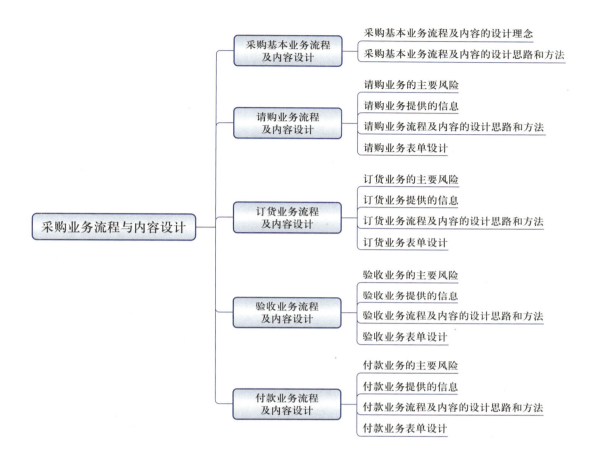

采购业务流程与内容设计
- 采购基本业务流程及内容设计
  - 采购基本业务流程及内容的设计理念
  - 采购基本业务流程及内容的设计思路和方法
- 请购业务流程及内容设计
  - 请购业务的主要风险
  - 请购业务提供的信息
  - 请购业务流程及内容的设计思路和方法
  - 请购业务表单设计
- 订货业务流程及内容设计
  - 订货业务的主要风险
  - 订货业务提供的信息
  - 订货业务流程及内容的设计思路和方法
  - 订货业务表单设计
- 验收业务流程及内容设计
  - 验收业务的主要风险
  - 验收业务提供的信息
  - 验收业务流程及内容的设计思路和方法
  - 验收业务表单设计
- 付款业务流程及内容设计
  - 付款业务的主要风险
  - 付款业务提供的信息
  - 付款业务流程及内容的设计思路和方法
  - 付款业务表单设计

德技并修 >>>

推动数字化采购管理，打通采购业务全流程

随着互联网的发展、智能技术的兴起、市场竞争态势的变革以及消费者更加注重个性化、智能化、互联网化等，各行各业需要提高采购业务效率，快速获得各种信息，快速响应消费者需求，采购数字化必然是发展趋势。与此契合，企业要构建全程数字化采购平台，整合采购、资金、合同以及各类信息流程，有效缩短采购周期，降低成本、提高效益。

1. 供应商管理

（1）供应商引入。企业可以通过外部网站自助注册的方式，快速将供应商引入，并且能自助维护供应商信息、自动进行供应商数字身份认证、自动识别供应商资质风险。

采购活动介绍

（2）供应商信息管理。供应商引入流程审批完成后自动进入供应商库，并自动按照规则生成供应商编码。供应商各类信息统一维护查看，所有记录可查可追溯。通过与第三方征信平台打通，将供应商征信实时反馈，当其出现法律诉讼、信息变更、经营异常等情况时，系统可及时提醒采购人员。根据品类建立同行业考核模板，便于横向对比，结合供应商的交货质量、物料价格、交期时长、及时率等表现，进行绩效评分，生成供应商绩效考核台账。

2. 采购申请

各业务部门发起采购申请流程，通过流程确认是否招标、采购主体、成本中心、采购类型、采购预算、采购清单等内容。采购部门、财务部门在线审核；采购部门收集各业务部门的采购需求，按照物料类型进行合并和拆分，统一汇总和集中采购。

3. 寻源管理

企业通过采取不同寻源策略，包括公开招投标、询报价、单一来源、竞争性磋商、竞争性谈判等，实现采购线上化管控，比如供应商在线报名、投标报价、缴纳投标保证金、上传投标文件、系统自动呈现多维度信息、线上评审等。

4. 采购合同

（1）合同起草。在合同管理平台上，将采购合同中的范本合同，通过套用模板，快速生成合同文本；针对非范本合同，则通过流程经过法务审核通过后方可继续执行。

（2）合同审批。通过电子化流程，预设合同审批规则，让合同审批过程规范、制度落地。审批过程中的企业商务要求、财务要求等，智能助手直接校验提醒。

（3）预算关联。将采购合同执行过程与预算业务打通，根据项目预算的情况进行实时管控，做到事前控制，避免事后超预算或者成本不可控等风险。

5. 采购订单

基于采购申请、寻源结果等规则自动创建采购订单，一键式转单。实施准确传递交期、进度、质量要求、技术要求等关键信息，支持执行采购协议，快速下单。

（1）三单四配。订单实际执行情况与合同关联，通过合同可以查看该订单的结算数量，收到供应商发票付款时，可以核对结算单金额与发票金额是否一致，实现三单四配。通过流程明确供应商付款过程和相关部门职责。

（2）送收货协同。作为送货或验收的依据，业务需求部门在提起验收流程时，勾选对应的采购订单，自动带出采购物资的名称、数量、单价等。

6. 采购验收

满足合同约定的验收条件后，需要在采购合同验收期内组织对交付成果进行验收。确保采购物料经过质检标准；对于不合格的物料，进行费用责任明确及记录和供应商的在线确认。

【思考与启示】

（1）数字化采购管理通过随时掌握采购全程的数据、信息、文档等，以及对采购风险实时预警处理，提升了采购效率，使采购决策更好地得到客观数据和信息的支撑，充分体现了创新、变革的科学性。

（2）树立互利共赢思想、共建共享理念，与供应商进行深度协同，获得稳定可靠的物料供应。

（3）培养契约精神、规矩意识，规范操作招投标，自觉履行采购合同，抵制社会不良风气，维护国家法纪与社会秩序。

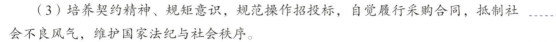

任务一　采购基本业务流程及内容设计

一、采购基本业务流程及内容的设计理念

（一）基于采购业务风险，加强内部控制，设计采购基本业务流程

采购业务是指企业购买商品、支付款项等相关活动，采购业务要实现的最基本目标就是为企业提供所需的物品和材料，直接影响着企业的产品质量、产品成本、销售定价、资金周转等，是生产经营活动得以顺利高效运行的重要保证。而在实际工作中，采购活动蕴藏着巨大的经营风险和财务风险，相关的违规案例比比皆是，需要通过设计合理的采购业务流程及内容来规避风险，加强内部控制，防止资金的不当使用和闲置，把采购成本和采购付款风险尽可能降到最低，同时能够供应企业经营活动所需要的物料使用。采购业务的主要风险表现在以下几方面。

（1）采购业务涉及的组织机构和人员责任、权限不明确，不相容职务未分离，授权审批不规范等，致使采购业务随意、混乱，出现舞弊或遭受欺诈。

（2）缺乏有效的采购计划管理机制，不考虑库存的合理性和经济性，采购计划安排不科学、不合理，请购依据不充分，造成库存短缺或积压，导致企业生产停滞、资金占用不合理，资源浪费。

（3）缺乏有效的供应商管理机制，对供应商的选择失去必要的监督和控制，导致采购成本升高，采购质量出现问题，签订采购合同条款不能保护企业的利益，使企业遭受损失。

（4）定价机制不科学，采购人员权利不受限制，可能会故意高价采购、采购不合格的物品等，产生腐败。

（5）没有根据采购项目的要求和特点选取合理的采购方式，或者招投标违反法律、法规，增加了不必要的人力、物力、财力消耗，或者出现舞弊、遭受欺诈、受到处罚。

（6）采购验收不规范，在数量上短缺，在质量上以次充好，在品种规格上不符合规定要求，导致账实不符、采购物资受损，进而降低企业信誉和产品竞争力。

（7）付款审核不严，付款时间、方式、金额不恰当，导致资金损失或信用受损。

（8）采购各环节的资金流、实物流未能全面、真实地记录和反映，导致采购物资和资金受损，并且影响财务报表的真实性。

因此，在设计采购基本业务流程及内容时：

（1）应设置专门的职能部门负责公司的物资采购，应明确相关部门和人员的职责权限、采购业务各环节的授权批准程序。

采购业务涉及的部门主要包括预算和计划部门、采购部门、物料使用部门、验收部门、仓库保管部门、资产管理部门和财务部门，通过流程设计，明确、清晰地划分各部门的权限和责任，责、权、利相匹配，确保原材料等按照生产的需求按时按量交货。

（2）通过流程的设计，将涉及的不相容岗位进行分离。

（3）通过流程的设计，规范请购、订货、验收、付款等程序。

（二）基于企业决策需要，设计采购基本业务流程

企业需要结合为内部经营决策、管理决策提供信息的要求，设计采购基本业务流程。在设计采购基本业务流程时，应该能够通过流程的运行，为企业决策提供如下信息。

（1）流程的设计是否遵循了采购的自然逻辑顺序。

（2）是否存在不必要的信息传递、重复性的审核活动和审批过程，使采购流程太过繁琐，违背了成本效益原则。或者采购基本业务流程太过简单，必要的监督环节缺乏，不能对物资采购进行全过程、全方位的监督。

（3）采购预算的执行情况。

（4）采购业务是否合法有效。

（5）供应商详细信息。

（6）采购是否及时满足了生产、销售的要求。

（7）物资库存以及资金占用情况。

（8）货款支付情况。

（9）采购业务绩效考核资料。

二、采购基本业务流程及内容的设计思路和方法

根据上述设计理念，基于大中型企业应用的 ERP 信息系统，采购基本业务流程及内容一般设计图如图 2-1 所示。

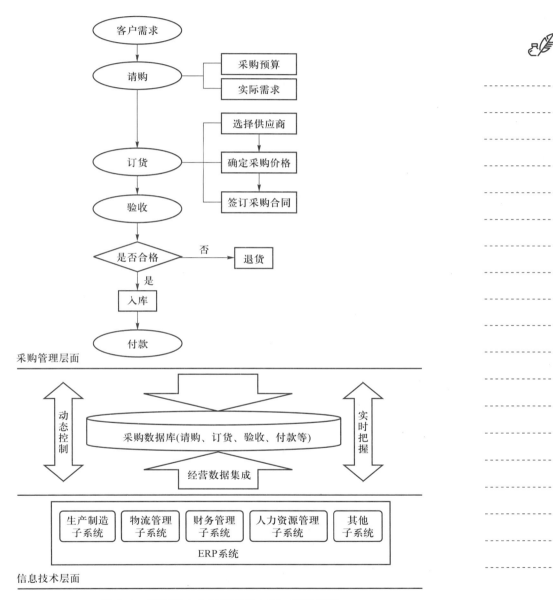

图 2-1 采购基本业务流程及内容一般设计图

从图 2-1 可以看出，采购基本业务流程包括四个核心环节，依次为请购、订货、验收和付款。首先，由物资需求部门或者其归口管理部门根据实际需要和采购预算提出采购申请，按照授权审批制度的规定，由有关人员在权限范围内进行审

批。其次，采购部门根据审批之后的采购申请制定采购方案办理采购，需要选择供应商，确定采购价格，签订采购合同等。再次，货物到达后，要进行质检、验收，如果不合格，办理退货或者采取折让等办法协商解决；如果合格，则办理入库手续。最后，根据发货票据进行款项结算或者制订采购结款计划。采购管理应基于先进的ERP信息系统的支撑，将采购业务流程嵌入信息系统中，在信息系统中完成采购业务的办理、审核、监管、审批等工作，实现采购管理过程的全程监管并可追溯，形成预算、采购、合同、付款及评价等一系列经济活动过程的闭环管理。同时，也为采购数据的统计、相关报表的填报提供详细、标准的数据支撑。

招标采购、单一来源采购、询价采购、谈判采购等不同的采购方式都有其自身的优缺点和适用范围，其重点管控的风险点不同，管理决策需要的信息不同，所以，流程会有差异，应将不同采购方式对应不同的采购流程。而且，不同的行业、不同的物料采购，在各环节的具体内容也有差异。企业可以参照图 2-1 的设计思路，结合自身情况，设计具体的采购业务流程及内容。

任务二　请购业务流程及内容设计

一、请购业务的主要风险

请购是指企业生产经营部门根据采购计划和实际需要，提出的采购申请。请购是采购业务处理的起点，也是采购计划与采购订单的中间过渡环节，主要存在以下风险：

（1）请购依据不充分、不合理，导致企业资源浪费。

（2）请购与审核、审批部门不分离，容易产生徇私枉法行为，造成资产流失。

（3）请购未经适当审批或超越授权审批，可能产生重大差错或舞弊、欺诈行为，使企业遭受损失。

（4）请购相关审批程序不规范、不正确，导致采购的物资违反相关政策法规规定等，使企业资产损失、资源浪费或产生舞弊行为。

（5）采购不集中，丧失数量折扣、服务优惠等机会。

二、请购业务提供的信息

请购业务提供的信息如下：

（一）请购是否在采购预算范围内

通过该信息，可以反映出企业是否严格执行采购预算，是否按照预算实施采购活动，从而说明预算作为一种标准的存在，其严肃性和刚性是否得到充分体现。

（二）请购是否符合生产经营的需要

采购预算确定的采购量是预算期的采购总量，至于具体的采购时间、数量一定是结合生产、销售的需要及时进行确定。通过该信息可以反映出请购依据是否充分，是否避免了库存短缺导致企业生产停滞的情况，或者是否避免了物资积压、占用资金、浪费资源的情况。

（三）请购物资的详细情况

通过该信息，一方面可以反映采购物资的品种、规格、型号等与实际需求是否一致，另一方面可以方便以后各环节的顺利进行，也便于与之后的各环节相互印证，当出现问题的时候，责任明确，不会相互推诿。

（四）请购流程是否体现了不相容职务分离

通过该信息，可以判断请购流程涉及的岗位之间是否相互审核和管理，是否防止了一个岗位控制多个环节的现象，从而避免舞弊状况的发生。

（五）请购是否经过适当审批，是否存在超越权限审批情况

在请购环节会涉及请购单的审批，通过该信息可以反映出企业制订的授权审批制度是否完备、执行是否到位。

在设计请购业务流程及内容时，应该能够通过流程的运行，为企业内部管理提供以上信息。

三、请购业务流程及内容的设计思路和方法

为了规避上述请购业务风险，加强内部控制，提供企业决策的信息，设计请购及审批流程、明确流程中各环节的具体内容。请购业务一般流程及内容设计图见图2-2。

请购业务流程与内容设计

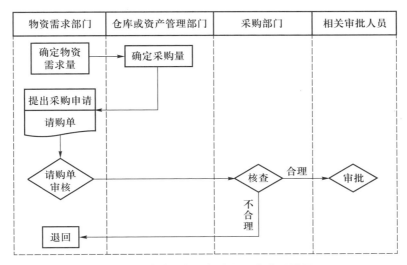

图2-2 请购业务一般流程及内容设计图

下面对设计图中的内容进行说明。

（1）企业内部各部门，比如生产部门、销售部门、行政管理部门等，或者其归口管理部门根据生产计划、订单等确定原材料、库存商品、固定资产等物资的实际需求并通知仓库保管部门或者资产管理部门。

（2）仓库保管部门、资产管理部门根据物资的库存量基准、采购预算及库存情况等计算出采购量。

（3）请购人员填写请购单向采购部门提出采购申请，在请购单中说明请购物资的名称、规格型号、数量、需求日期、质量要求、预算金额等内容，由部门负责人审批。这里的请购人员可以是物资需求部门的人员、归口管理部门的人员，也可以是专门设立的请购部门的人员。这一步也可以是由采购部门汇总企业内部采购需求，列出采购清单。此时，尽量做到规模采购、集中采购，保证采购价格合适。

（4）采购部门的采购人员核查采购物资的库存情况和生产需求情况，判断采购是否合理，是否存在重复采购以及不合理的请购品种和数量等问题。

（5）如果采购申请合理，提交授权部门和人员进行审批，其中属于预算内的采购项目，按照预算执行进度办理请购手续；如果属于超预算或预算外的采购项目，应先履行预算调整程序，然后再办理请购手续。对于原材料、固定资产、办公用品等不同类别的请购单应由不同的人员审批，对于不同的请购额也应由不同管理层次的人员进行审批。每张请购单必须经过对这类支出预算负责的主管人员签字审批。常见的审批人员包括采购部门负责人、财务部门负责人、总经理等。请购与审批属于不相容职务，应该由不同的部门、人员负责实施，逐级呈核。

（6）如果采购申请不合理，则退回请购部门。

（7）按照预算执行流程中的说明，采购部门应将采购预算与请购单进行对比，分析两者之间是否存在差异以及差异数，编制预算分析报告，分析差异产生的原因和责任归属，制订控制差异的措施，如果属于需要调整预算的情况，提出调整预算的具体措施。

请购的整个过程依托 ERP 信息系统来完成，请购单与之后的采购环节、合同签订、材料物资的质量、生产等信息，以及供应商的考评得分情况和付款情况都能联系在一起。

🔧 大赛直通车

请购流程设计的操作步骤如下：

（1）首先在平台中完成"请购业务表单设计"，主要设计两张表单：物料申请单和采购申请单。

（2）在平台中"新加流程"，输入流程名称：原材料请购。新加流程图见图 2-3。

图 2-3　新加流程图

（3）单击"原材料请购"流程名称，出现流程设计画布。画布中有诸如"开始""业务发起""业务操作""审批任务""开具发票""索取发票""生成凭证""审核凭证""结束"等流程符号，流程设计时使用这些符号。流程设计画布图见图 2-4。

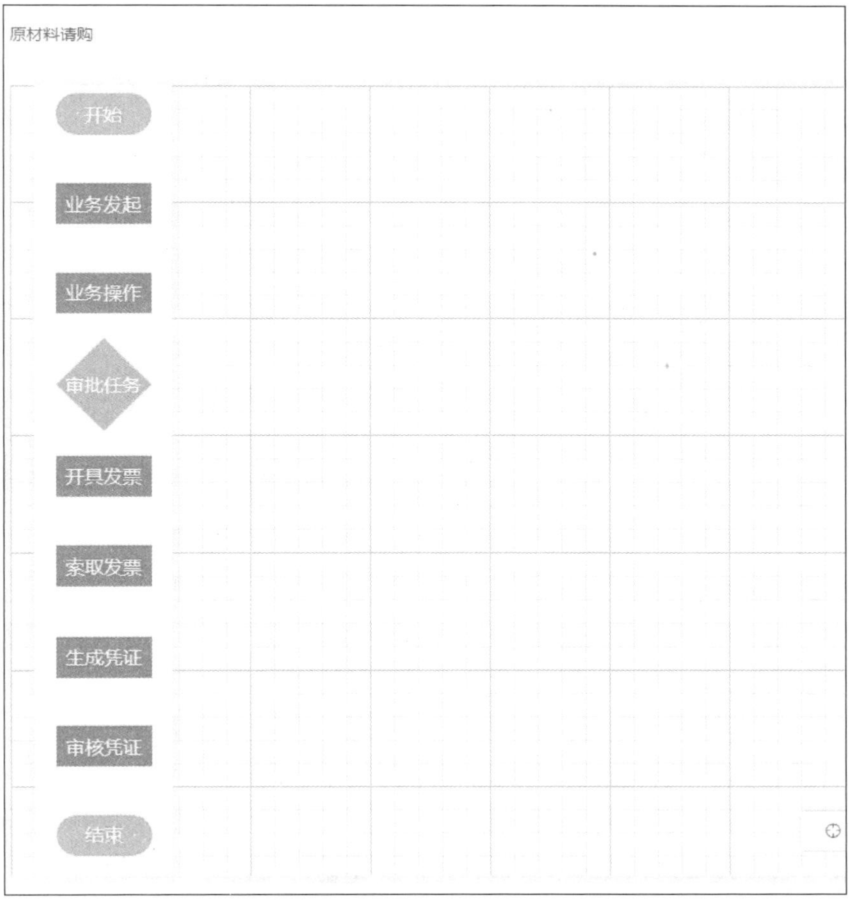

图 2-4　流程设计画布图

（4）"原材料请购"流程设计使用"开始""业务发起""审批任务""结束"4个流程符号。首先拖曳"开始"到画布上；然后进行"业务发起"的操作，对"任务属性"进行修改：任务名称——提出物料申请、发起人类型——指定角色、选择发起人——生产专员、选择表单——物料申请表。"物料申请业务发起"设计操作图见图2-5。

（5）根据请购制度的规定，对"物料申请表"进行审批，执行人类型为指定角色，选择执行人为生产经理。"物料申请审批"设计操作图见图2-6。

图2-5 "物料申请业务发起"设计操作图

图2-6 "物料申请审批"设计操作图

（6）提出采购申请。单击"物料申请任务"，选择"转填任务"；然后对"任务属性"进行修改：任务名称——提出采购申请、执行人类型——指定角色、选择执行人——采购专员；选择表单——采购申请单。"采购申请发起"设计操作图见图2-7。

（7）根据企业授权审批制度规定，对采购申请进行审批。比如采购金额≤50 000元时，可以由采购经理审批；采购金额＞50 000元时，还需要由总经理进行审批等。所以，对采购申请单设置对应的审批节点，可以依次为：采购经理、总经理等审批。每一次审批都需要对任务属性进行设置，"采购申请审批"设计操作图见图2-8。

图 2-7　"采购申请发起"设计操作图

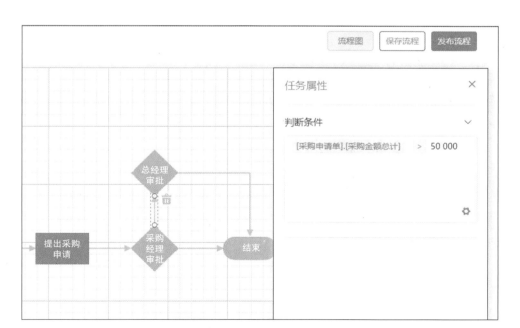

图 2-8　"采购申请审批"设计操作图

項目二　採購業務流程與內容設計

（8）采购申请审批结束之后，单击"结束"符号。这里需要注意的是，还需进行条件的设置，即输入判断条件，明确这次审批的采购金额范围，比如采购金额总计≤50 000元或者＞50 000元等。然后再单击"保存流程"和"发布流程"，具体操作见图2-9。

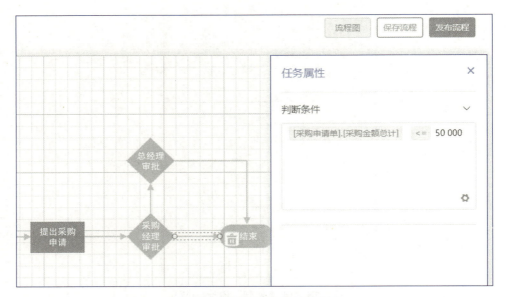

图2-9　"结束流程"设计操作图

边学边练

训练资料：2023年6月20日，华夏公司秋装车间根据生产消耗和业务需要，计算出三季度需要使用黑色厚纯棉布8 000米，预估含税单价为40.68元/米，增值税税率为13%。黑色厚纯棉布的规格型号是C40X40+40D。

训练任务：结合采购业务内部控制及内部管理信息需求，绘制华夏公司购买黑色厚纯棉布的请购流程。

要求：① 华夏公司的请购单由物资需求部门填写；② 本采购属于预算内采购；③ 材料采购金额在100 000元以下的请购由供应部门负责人审批、100 000元以上500 000元以下的由财务部门负责人审批、500 000元以上的由总经理审批。

四、请购业务表单设计

（一）设计思路

企业应设计请购单，应用于请购业务流程中的相应节点。其内容应体现请购物资的详细情况，包括请购何种物资、请购部门、请购原因、请购数量等，反映出请购过程中内部控制的关键点，主要通过编制、审核、审批签名来体现；提供上述请

44

购环节应该提供的信息。下面分别以原材料等耗材类请购单与设备设施类请购单说明请购单的设计思路。

1. 原材料等耗材类请购单

耗材类请购单从以下几方面设计：

（1）申请请购日期、申请人名称、所在部门及职位等申请人信息。

（2）请购材料明细信息，至少应该包括材料名称、规格型号、质量要求等基本属性，以及材料编号、数量、单价、金额等。

（3）材料采购预算监控情况。应该对照材料采购预算，设计诸如"是否属于预算内采购、本次采购的预算金额、累计预算金额、剩余预算金额"等内容，以便在采购流程执行过程中起到预算控制作用。

（4）本单据需要连续编号，应设计单据编号。

（5）审批人员授权审批、签字。根据上述请购业务流程说明，设计审批人员。

2. 设备设施类请购单

设备设施类请购单从以下几方面设计：

（1）申请请购日期、申请人名称。

（2）请购设备明细信息，通常包括请购设备的名称、数量、金额，以及质量要求和技术要求。

（3）设备设施采购预算监控情况。

（4）本单据需要连续编号，应设计单据编号。

（5）审批人员授权审批、签字。根据上述请购业务流程说明，设计审批人员。

（二）设计样式

1. 请购单（耗材类）样式

请购单（耗材类）如表2-1所示。

表2-1　请购单（耗材类）

编号：

序号	使用部门	物料编码	物资名称	规格型号	品牌	质量要求	推荐供应商	指定供应商	单位	申请数量	参考单价/元	是否紧急	需要使用时间	备注

续表

序号	使用部门	物料编码	物资名称	规格型号	品牌	质量要求	推荐供应商	指定供应商	单位	申请数量	参考单价/元	是否紧急	需要使用时间	备注

本部门承诺，以上申请物资均在预算内	本次采购预算：
申请人签字：	申请时间：
需求部门负责人审批：	授权人员审批：
采购实施部门签收：	签收时间：
说明：	

2. 请购单（设备设施类）样式

请购单（设备设施类）如表 2-2 所示。

表 2-2　请购单（设备设施类）

编号：

设备名称		采购数量	
申请人		申请时间	
设备类型	□设备新增　□旧设备改善　□设施新增　□旧设施改善　□新工厂项目　□其他		
设备需求	目标厂区/车间	□××工厂　　□××工厂　　□其他 □_____（车间）　　□_____（生产线）	
	需求时间：	_____年_____月_____日	
	主要设备类型：	□国产设备　　□进口设备　　□混搭设备	
	是否直接影响产品质量：	□影响，设备需要验证　　□影响，需要材质证明 □无直接影响	
	设备预算：	部门年度预算：¥_____元　本次采购预算：¥_____元	
	技术要求：	附件_____共_____页	
需求部门负责人审批：		设备管理部门负责人审批：	
其他授权人员审批：		其他授权人员审批：	
采购实施部门签收：		签收时间：	
说明：			

训练任务：结合采购业务内部控制及内部管理信息需求，设计并填写华夏公司秋装车间 2023 年 6 月 20 日购买黑色厚纯棉布的请购单。

任务三　订货业务流程及内容设计

一、订货业务的主要风险

订货业务是整个采购过程的核心，主要包括选择供应商、确定采购价格、订立采购合同和发出采购订单等环节，各环节都蕴含着风险。订货业务的主要风险如下：

（1）对于大宗物资，企业应通过公开招标的形式选择供应商，对于小批量的材料物资，则应通过比质比价的方式选择供应商。如果供应商选择不当，可能导致采购物资质次价高，甚至出现舞弊行为。

在采购招标过程中，如果违反法律、法规以及公司制度规定，企业可能会受到有关部门的处罚，造成资产损失和信用损失；如果采购招标评审不规范，选择了不合格的供应商或签订的合同不符合国家相关法律法规，可能给公司带来不必要的损失；如果比质比价采购制度不完善、现场评审供应商过程不规范，也会导致选择了不合适的供应商。

（2）采购定价机制不科学，采购定价方式选择不当，缺乏对重要物资品种价格的跟踪监控，引起采购价格不合理，可能造成企业资金损失。

（3）未经授权订立采购合同，合同对方主体资格、履约能力等未达要求、合同内容存在重大疏漏和欺诈，可能导致企业合法权益受到侵害。

（4）缺乏对采购合同履行情况的有效跟踪，运输方式选择不合理，忽视运输过程保险风险，可能导致采购物资损失或无法保证供应。

二、订货业务提供的信息

订货业务提供的信息如下。

（一）采取的采购方式

通过该信息，可以判断企业是否根据采购数量、采购物资等实际情况选择采购方式，有无考虑到采购物资的特殊性，是否执行了国家相关的法律、法规，是否通过恰当的采购方式在选择供应商方面实现了公平、公正和竞争性；能否有效避免人力、物力、财力的消耗，以及有效防止舞弊情况的发生。

（二）供应商的详细信息

供应商信息包括供应商名称、统一社会信用代码、企业性质、办公地点、法人代表、资质、在行业中的排名、信誉、规模、主营业务、技术能力、产品型号、质量和价格、交货周期、交货方式、质保期、款项结算方式、与同一供应商交易的次数、与供应商接洽的采购人员等。通过这些信息帮助企业实时掌控供应商动态，对供应商进行正确的评价，使企业选择到合适的供应商，并确定建立战略性合作关系的供应商名单；判断采购人员和供应商是否存在利益交换以及商业贿赂等行为，从而可以防止企业遭受欺诈；保证采购到质量过硬、价格合理的物资，并且有助于企业实施准时化采购，降低成本；同时也可以防止舞弊行为的发生。

（三）采购价格信息

采购价格信息包括采购定价机制、采购定价方式、购买商品具体的价格等。通过这些信息可以反映出企业价格管理方面的成效，包括企业在与供应商的谈判中是否做到了有的放矢，议价能力是否较强；是否做到了通过对采购价格影响因素的分析，形成对物资价格趋势的判断，从而为制订采购计划提供依据；是否为企业找到最优的供应商、获得最低的投标报价、签订最有利的合同提供了帮助。

（四）采购合同信息

采购合同信息包括合同具体内容、合同签订的授权审批情况、合同履行情况等。通过这些信息可以判定合同内容是否全面、具体、明确，是否存在重大疏漏和欺诈；双方的权利、义务、违约责任是否明确，从而便于执行，避免不必要的纠纷；采购合同是否经过审批、合同签订是否经过授权；合同是否具有法律效力，能否约束合同当事人认真履行合同义务，如果有违约行为可否通过合同进行起诉；交易是否诚信等。

（五）关键绩效指标所需的资料

通过该信息，可以得到计算采购及时率、供应商开发率等指标的基础数据，使绩效考核顺利进行。

（六）不相容职务分离信息

通过该信息，可以判断订货流程涉及的岗位之间是否相互审核和管理，是否防止了一个岗位控制多个环节的现象。

（七）订货相关环节的授权审批信息

涉及审批的订货环节主要有供应商的审批和采购合同的审批，通过该信息可以反映出企业制订的授权审批制度是否完备、执行是否到位。

在设计订货业务流程及内容时，应该能够通过流程的运行，获得以上信息。

三、订货业务流程及内容的设计思路和方法

为了规避上述订货业务风险，加强内部控制，提供企业内部管理决策的信息，需设计订货业务流程、明确流程中各环节的具体内容。订货业务一般流程及内容设计图见图 2-10。

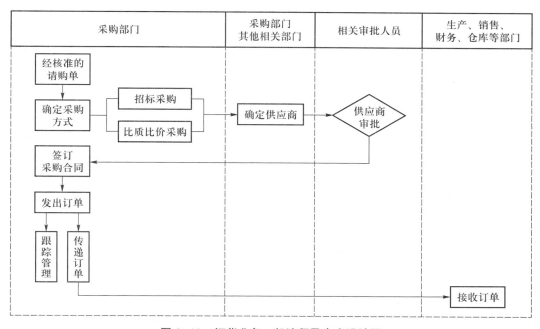

图 2-10　订货业务一般流程及内容设计图

下面对设计图中的内容进行说明。

（1）采购方式的确定是采购业务中的核心内容，企业的采购部门应根据请购单，结合采购数量、采购项目实际情况，确定适当的采购方式。一般来讲，对于采购生产设备等大宗物资，选择公开招标的采购方式；对于小批量的材料物资，选择比质比价等采购方式；对于采购对象比较特殊的，选择单一来源采购方式。

（2）采购过程中涉及的采购信息，应该结合实际情况，利用信息渠道让潜在供应商获取对应采购信息。如果是公开招标采购，应利用规定报纸、网站等公布招标信息；如果是其他采购方式，则由采购部门等对应部门通过市场调查并推荐，信息发布过程中应该具体标记出截止日期，以此减少争议风险出现，保证采购业务的合理性和规范性。

（3）如果采用招标采购的方式选择供应商、确定采购价格，一般情况下是公开招标，特殊情况下可以采用邀请招标或询价竞标的方式。应由采购部门负责按照国家规定的招标流程组织招标，物资需求部门可以参与论证，授权领导进行审批，做好招标的事前、事中和事后的监督。

如果采用比质比价的方式确定供应商，坚持公平、公正和竞争的原则，采购部门会同生产、销售、物资需求部门等相关部门根据供货质量、采购价格、供货时间、服务质量、支付货款、诚信交易等因素，综合分析之后择优确定，授权领导进行审批。由于物料的价格变化频繁且波动较大，为了达到最优采购，首先向供应商发起采购询价，由供应商反馈物料的当前供货价格，最后定向向指定供应商采购。此时，应注意询价与确定供应商的职务分离，即采购询价人员负责与供应商进行讨价还价，而供应商的确定不得由询价人员负责。

🔍 大赛直通车

　　供应商评选流程设计思路图见图 2-11。

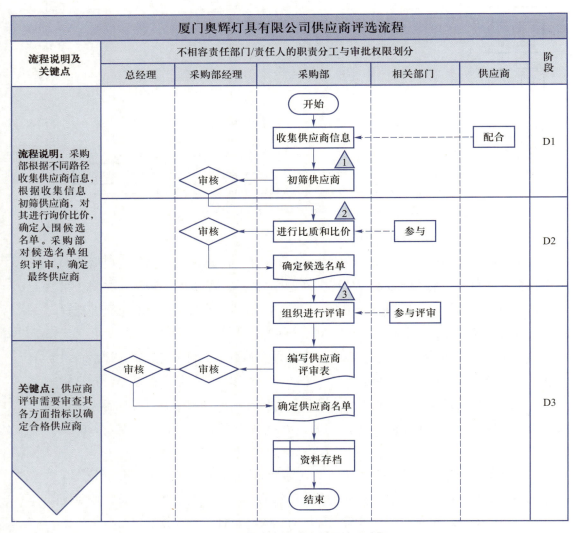

图 2-11　供应商评选流程设计思路图

（4）采购合同是进行采购活动的纲领，包括合同的拟订、审批、订立和执行四个环节。采购人员根据与供应商一致磋商的具体内容，诸如采购货物种类、采购数量、由谁供货、到货时间、到货地点、运输方式、价格、运费等，以标准文本为基础，拟订采购合同，准确描述合同条款，明确双方的权利、义务和违约责任，降低企业的采购风险。按照企业内部控制的授权情况和不相容职务分离的要求，对合同履行必要的审批程序。采购人员在授权范围内签订采购合同，必要时可聘请律师或者企业的法务部人员参与合同的签订过程，保证合同的法律效力。

采购合同的订立与审定为不相容职务，所以，采购合同的签订、谈判主要由采购部门人员完成，审定业务是对采购合同的监督，为了保证采购合同内容的真实性、合法性，合同的订立应与审批职责相分离。

比如，由授权的采购人员签订合同，审批人员可以包括采购部门的负责人、财务部门的负责人、法务、分管领导等。

🔧 大赛直通车

合同签订流程设计思路图见图 2-12。

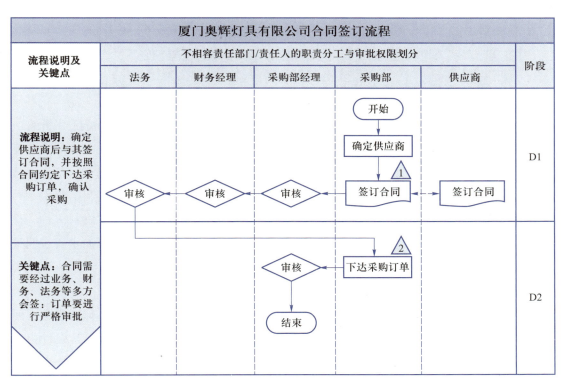

图 2-12 合同签订流程设计思路图

（5）采购订单是企业向供应商订货的凭证单据，是一份具有法律效力的书面文件。采购人员根据合同填写采购订单，对采购标的的规定应该详细明确，并且对采购物资的信息要有足够详细的说明。一张标准的采购订单通常包括以下内容：物料的具体名称、品质及数量规格、采购时间、货款及有关税费、包装及运送方式、售后服务或其他要求。采购部门负责人审核采购订单，要审查订单的内容是否完整、是否合规合法。确定订单无误后向供应商发出采购订单。

（6）将采购订单及时传递给企业的生产、销售、财务、仓库等部门，进行有关的核算和记录。利用 ERP 信息系统随时获得采购订单、生产节奏、物资库存量、采购数量、销售数量、预算执行数量、剩余数量等信息，各部门应及时进行沟通，及时发现问题，而且也有助于对采购活动进行专项评估。

✎ 边学边练

训练资料：华夏公司秋装车间购买黑色厚纯棉布的请购流程已经完成。

训练任务：结合采购业务内部控制及内部管理信息需求，绘制华夏公司秋装车间购买黑色厚纯棉布的订货流程。

要求：① 华夏公司采购黑色厚纯棉布采用比质比价的采购方式，由供应部门会同秋装车间、销售部门共同确定供应商为大同华林纺织品公司，然后由总经理审批；② 由采购人员签订采购合同，供应部部长、财务部部长审批合同。

四、订货业务表单设计

企业应设计比质比价分析表、询价单、供应商信息表（供应商情况分析表）、采购合同、采购订单等与订货相关的表单，应用于订货业务流程中的相应节点，反映出订货过程中内部控制的关键点，提供上述订货业务各环节应该提供的信息。按会计核算和管理者对采购信息的要求，应设计反映采购业务的会计科目、级次和对应的账户名称、级次和格式，如材料采购、在途物资等会计科目及按材料名称、供应商名称等设计相应级次的明细科目，及其对应账户的账页格式。下面主要说明采购订单的设计。

（一）设计思路

采购订单的设计需要考虑采购依据、采购何种物资、向谁采购、何时采购、何时到货、怎么收货等信息。采购订单是根据采购合同生成的。所以，其设计内容包括：

（1）关联的采购合同编号。

（2）采购物料明细信息，包括采购物料名称、规格型号、编号、质量要求、数量、单价、金额等。

（3）订单日期、到货日期、供应商名称、收货人、收货地址、运输方式、交货地点等。

（4）本单据需要连续编号，应设计采购订单编号。

（5）相关人员签字。订单申请人、订单审批人需要在采购订单上签字，申请人可以设计为采购人员，审批人设计为采购部门负责人。

（二）设计样式

采购订单见表2-3。

表2-3 采 购 订 单

采购订单编号：　　　　　　　　采购合同编号：　　　　　　　　日期：

供货方单位名称									联系人							
电话／传真									联系手机							
供货方单位地址																
序号	需求部门	货物名称	规格	品牌	货号	单位	数量	不含税单价／元	不含税金额	税率／%	税额	总金额／元	运输方式	到货期限	交货地点	备注
合计／元：																
收货单位									联系人							
收货部门									联系电话							
备注		1. 随货请附送货单据明细、产品的检验报告														
		2. 订单确认后烦请盖章或签字后回传														
购货单位		名称							税务登记号							
		地址、电话							开户银行及账号							
订单申请人									部门负责人							

边学边练

训练任务：结合采购业务内部控制及内部管理信息需求，设计并填写华夏公司秋装车间购买黑色厚纯棉布的采购订单。

要求：① 华夏公司采购员于 6 月 25 日与大同华林纺织品公司签订采购合同，合同编号为 CG0625011，并于同日填写采购订单，由供应部部长进行审核；② 大同华林纺织品公司的单位地址是山西省大同市南关南街 58 号，其他信息略；③ 运输方式为公路运输，到货期限是 7 月 1 日，交货地点是山西省太原市汽车东站。

任务四 / 验收业务流程及内容设计

一、验收业务的主要风险

验收是指企业对采购物资的检验接收，以确保其符合合同相关规定或产品质量要求。采购物料在进入购货方仓库之前或者在使用之前，必须经过严格查验，包括对物料采购单上的数量、质量、规格的比对以及其他特殊要求的比对，如若出现大量不合格产品，应立即退还供应商重新生产或者进行技术补救。验收业务的主要风险如下：

（1）如果验收标准不明确、验收程序不规范、对验收中存在的异常情况不做处理，验收人员很可能玩忽职守，不能严格验收采购物资的质量和数量，就会造成品种与规格的差异、数量克扣、以次充好、账实不符，采购物资受损。

（2）采购物资的质量问题会进一步导致加工产品不能达到质量标准，直接影响到企业产品的整体质量，给用户造成经济、技术、人身安全或企业声誉等方面的损害，同时降低本企业信誉和产品竞争力，甚至使伪劣产品充斥市场，损害消费者利益。

所以，企业应制订明确的采购验收标准，结合物资特性确定必检物资目录，规定此类物资出具质量检验报告后方可入库。

二、验收业务提供的信息

验收业务提供的信息如下：

（一）采购物资的数量、质量、规格型号、到货时间等情况

通过该信息，可以判断采购业务能否保证生产、销售的正常进行；为计算订单

差错率、退货率、到货及时率、供应商履约率等提供依据，进而对供应商作进一步评价，包括供应商是否严格执行合同、是否与该供应商保持长期的合作关系等。

（二）物资库存情况，包括数量、资金的占用情况

该信息可以反映出是否存在库存不足或多余情况、是否出现资金闲置情况。

（三）对异常情况的处理

通过该信息，一是可以判断企业是否制订了采购验收标准；二是验收人员是否严格执行了验收标准；三是采购业务是否严格执行了预算。

（四）采购、验收、仓库、资产管理等部门及相关人员职责履行情况

通过该信息，一是可以判断验收业务流程是否体现了不相容职务分离；二是可以判断相关人员是否各司其职；三是可以提供用于考评的关键绩效指标所需的资料。

在设计验收业务流程及内容时，应该能够通过流程的运行，为企业内部管理提供以上信息。

三、验收业务流程及内容的设计思路和方法

为了规避上述验收风险，加强内部控制，提供内部管理决策的信息，需设计验收业务流程、明确流程中各环节的具体内容。验收业务一般流程及内容设计图见图 2-13。

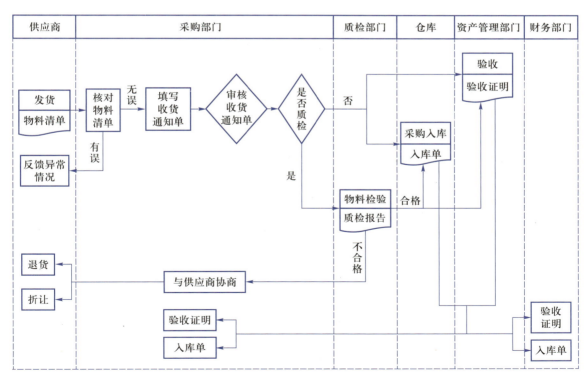

图 2-13　验收业务一般流程及内容设计图

下面对设计图中的内容进行说明。

（1）供应商按照合同、订单发货，并提供物料清单。

（2）采购员以合同、请购单、订货单为依据，将物料的数量、名称、规格型号、价格与物料清单进行核对；核对无误后填写收货通知单并由采购部门负责人进行审核；如果核对出现异常情况，采购员向供应商反馈。

（3）对于不需要质检的物料，将收货通知单传递给仓库，作为仓库收货的依据。仓库指定专人按照验收标准，依据合同、订单对所购货物的品名、规格、数量等进行验收，出具验收证明，然后办理入库手续，将采购物资分类、规范入库，由保管员编制入库单。对验收过程中发现的数量、规格、种类、质量不满足合同要求等异常情况，验收人员向采购部门报告，采购部门及时与供应商取得联系，办理折让接收、退货等事宜。

对于需要质检的物料，由质检部门依据质量要求进行检验，并出具质检报告，其中，精密仪器、生产设备等固定资产应由固定资产管理部门会同质检部门进行检验。如果检验合格，由仓库办理验收、入库手续，出具验收证明并填写入库单；对于购入的机器设备等固定资产，由资产管理部门进行验收，出具验收证明（固定资产验收单）。如果检验不合格，由采购部门与供应商进行协商，决定是退货、折让还是进行技术补救。

需要注意的是，采购、验收属于不相容职务，应该分离，即货物的采购人员不能同时担任货物的验收工作，防止采购人员收受客户贿赂。

（4）将入库单、验收单及时传递给采购部门和财务部门，财务人员据以登记"原材料""库存商品"数量金额式明细账。通过 ERP 信息系统及时获取物料入库、出库和结存情况，在保证物资最低储备的基础上，尽量减少存货资金的占用，加速资金周转。

🔧 大赛直通车

验收业务流程设计思路图见图 2-14。

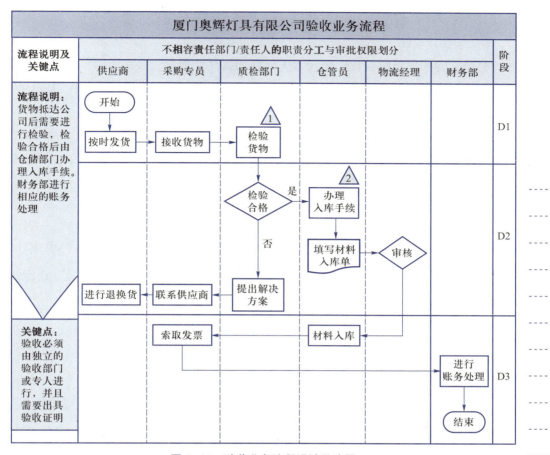

图2-14 验收业务流程设计思路图

边学边练

训练资料：华夏公司秋装车间购买黑色厚纯棉布的"请购""订货"流程已经完成。

训练任务：结合采购业务内部控制及内部管理信息需求，绘制华夏公司"验收"黑色厚纯棉布的流程。

要求：黑色厚纯棉布属于必检物资，华夏公司在材料仓库指定专人进行原材料质量检验。

四、验收业务表单设计

企业应设计收货通知单、验收单、质检报告、材料采购入库单等与采购验收相关的表单，应用于验收业务流程中的相应节点，反映出验收过程中内部控制的关键点，提供上述验收业务各环节应该提供的信息。按会计核算和管理者对库存物资信息的要求，应设计反映验收业务的会计科目、级次和对应的账户名称、级次和格式，如原材料、库存商品等会计科目及按库存物资名称、仓库名称等设计相应级次的明细科目，

及其对应账户账页格式。下面以材料采购入库单为例进行说明。

（一）设计思路

材料采购入库单的设计应体现入库材料的属性、数量；入库依据、时间；存入仓库；接收人员等信息。材料入库的依据是采购订单。所以材料采购入库单应从以下几方面进行设计。

（1）关联采购订单编号；

（2）入库材料明细信息，主要包括材料的类别、名称、型号、计量单位等基本属性，以及材料编号、应收数量、实收数量、单价和金额；

（3）入库日期、收货仓库和供应商名称；

（4）本单据需要连续编号，应设计入库单编号；

（5）相关人员签字。

系列经办人员需要在材料采购入库单上签字，主要有验收员、质检员、仓库保管员和审核人员；审核人员一般由仓管部门负责人担任。

（二）设计样式

材料采购入库单见表2-4。

表2-4　材料采购入库单

编号：　　　　　　　　　　入库日期：　　　　　　　　收货仓库：

供货单位：　　　　　　　　　　　　　　　　采购订单编号：

材料类别	材料名称	规格型号	计量单位	应收数量	实收数量	单价	金额	备注

仓管部门经理：　　　　　　仓库保管员：　　　　　　验收员：　　　　　　质检员：

　边学边练

训练资料：按照合同规定，华夏公司秋装车间购买的黑色厚纯棉布8 000米于2023年7月1日运达企业。

训练任务：结合采购业务内部控制及内部管理信息需求，设计并填写华夏公司黑色厚纯棉布的材料采购入库单。

任务五 付款业务流程及内容设计

一、付款业务的主要风险

付款是指企业在对采购预算、合同、相关单据凭证、审批程序等内容审核无误后，按照采购合同规定及时向供应商办理支付款项的过程。付款方式有很多，各种付款方式都是订货之前双方在采购合同中提前约定好的。采购部门一定要配合财务部门把控付款流程，以免出现不必要的损失。付款业务的主要风险表现为：

（1）未建立完善的货款结算制度，货款支付审批手续不规范，审批权限模糊，导致资金管理混乱，造成公司资金损失；

（2）付款业务流程不合理，在单证不全的情况下付款，导致未有实物购进而有资金流出，甚至被骗走货款的情况发生；

（3）未按合同规定及时与供应商进行货款结算，引起法律纠纷或信用受损；

（4）资金分散使用，付款时间、付款方式、付款金额不恰当造成资金效益的流失。

二、付款业务提供的信息

付款业务提供的信息如下。

（一）资金预算的执行情况

通过该信息，可以发现采购资金预算的偏差，进一步分析偏差产生的原因，并明确责任归属，为预算考核提供依据。

（二）货款支付以及应付款情况

通过该信息，一是可以判断资金支付是否经过恰当的审核与审批，授权审批在付款业务中的履行情况；二是付款业务是否严格执行了合同的规定；三是应付账款的形成是否符合企业会计准则、会计制度的规定。

（三）采购、财务等部门及相关授权审批人员的职责履行情况

通过该信息，一是可以判断付款业务流程是否体现了不相容职务分离；二是可以判断相关人员是否各司其职；三是可以提供用于考评的关键绩效指标所需的资料。

（四）采购记录、仓储记录与会计记录是否一致

该信息反映了采购业务流程各环节是否保持一致、是否可以相互制约和相互印证，进而保证采购资金的合理使用以及会计信息的客观性和真实性。

在设计付款业务流程及内容时，应该能够通过流程的运行，为企业内部管理提供以上信息。

三、付款业务流程及内容设计思路和方法

为了规避上述付款风险，加强内部控制，提供内部管理决策的信息，需设计付款业务流程、明确流程中各环节的具体内容。付款业务一般流程及内容设计图见图 2-15。

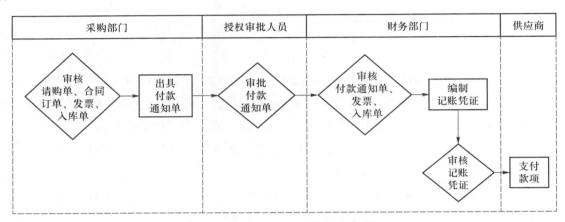

图 2-15　付款业务一般流程及内容设计图

下面对设计图中的内容进行说明。

（1）采购人员核对请购单、合同、订单、购货发票、运输发票及入库单，核对一致后，根据合同规定的付款方式，出具付款通知单。

（2）将上述单据、付款通知单交采购部门负责人、审核会计、财务部门负责人、总会计师、总经理等制度规定的授权审批人员进行审批，严格审核采购预算、合同、相关单据凭证、审批程序等相关内容，审核无误后，按照合同规定，由财务部门及时付款。

（3）采购部门将上述原始凭证、付款通知单交给财务部门，经指定的专人对其真实性、完整性、合法性及合规性进行审核。审核无误后，正确编制记账凭证。财务部门负责人审核记账凭证，无误后，交给出纳人员，由其再进行审核，确信没有疑问，才能支付款项。出纳、会计人员应及时登记相应账簿，及时记录原材料、库存商品、固定资产、应交税费、银行存款等会计账簿，全面、完整地反映采购业务的来源、单价、金额及费用等发生情况。

此时应特别注意不相容职务分离的问题。首先，付款审批与付款执行属于不相容职务，应该分离，即付款人员不得兼任付款审批，以免导致企业资金损失或信用损失；其次，相关的会计记录是对采购、验收工作的监督依据，所以负责采购或验收的人员，都不得从事相关账务的记录工作，以保证采购数量的真实性，采购价格、质量的合规性，采购记录和会计核算的正确性。

（4）如果按照合同约定，采取赊购的方式进行采购，应付账款必须在取得审

核、授权人审批后的发票、入库单等凭证后方可入账。由专人按照约定的付款日期、折扣条件等管理应付账款。到期的应付账款需经过有关授权人员审批后方可办理结算与支付。

✎ 边学边练

训练资料：华夏公司秋装车间购买的黑色厚纯棉布于 2023 年 7 月 1 日验收入库，并于当日付款。

训练任务：结合采购业务内部控制及内部管理信息需求，绘制华夏公司支付黑色厚纯棉布款项的流程。

四、付款业务表单设计

企业应设计采购结算单、采购付款通知单等与采购付款相关的表单，应用于付款业务流程中的相应节点，反映出付款过程中内部控制的关键点，提供上述付款业务各环节应该提供的信息。下面主要说明采购付款通知单的设计。

（一）设计思路

采购付款通知单的设计主要考虑因何付款、向谁付款、付多少钱、怎么付等信息。企业的采购付款依据是采购合同和采购订单。所以，其设计内容包括：

（1）关联采购合同编号；

（2）付款日期、付款金额、结算方式；

（3）收款方全称、开户银行和账号；

（4）采购付款通知单需要连续编号，应设计单据编号；

（5）相关人员签字。

业务经办人员、授权审批人员需要在付款通知单上签字，经办人员是采购人员，授权审批人员一般是采购部门负责人、审核会计、财务部门负责人、总会计师、总经理等。

（二）设计样式

采购付款通知单见表 2-5。

表 2-5　采购付款通知单

日期：　　　　　　　　　　　　　　　　编号：

收款单位		采购合同编号	
开户银行			
账号			
付款金额（大写）	¥	结算方式	

总经理：　　　财务负责人：　　　审核会计：　　　采购负责人：　　　采购人员：

✏️ 边学边练

训练资料：华夏公司秋装车间购买的黑色厚纯棉布于 2023 年 7 月 1 日验收入库，并于当日通过网银办理结算。供应商大同华林纺织品公司的开户银行为"工行魏都大道支行"，账号为"343656286221"。

训练任务：结合采购业务内部控制及内部管理信息需求，设计并填写购买黑色厚纯棉布的付款通知单。

📐 "岗课赛证" 融通训练 ▶▶▶

一、单项选择题

1. 以下不属于请购业务风险的是（　　　）。

A. 请购依据不充分、不合理，导致企业资源浪费

B. 请购与审核、审批部门不分离，容易产生徇私枉法行为，造成资产流失

C. 请购未经适当审批或超越授权审批，可能产生重大差错或舞弊、欺诈行为，使企业遭受损失

D. 集中采购，获得数量折扣、服务优惠等机会

2. 企业订货时，如果定价机制不科学、定价方式选择不当，可能产生的后果是（　　　）。

A. 采购物资损失或无法保证供应

B. 物资采购不顺畅

C. 采购价格不合理，造成企业资金损失

D. 采购物资过量或短缺，影响企业正常生产经营

3. 在设计订货业务流程与内容时，无论采用何种采购方式，涉及的必不可少的部门是（　　　）。

A. 采购部门　　　　B. 销售部门　　　　C. 财务部门　　　　D. 以上都是

4. 企业应设计比质比价分析表，应用于（　　　）流程中的相应节点。

A. 请购业务　　　　B. 订货业务　　　　C. 验收业务　　　　D. 付款业务

5. "供应商发货后提供物料清单—采购人员核对物料清单—采购人员填写收货通知单—仓库保管人员编制入库单—会计人员登记账簿"，这个流程属于（　　　）业务的设计流程。

A. 请购　　　　　　B. 订货　　　　　　C. 验收　　　　　　D. 付款

6. 材料请购单和材料采购入库单相比，其设计内容的主要区别在于（　　　）。

A. 日期　　　　　　　　　　　　　　B. 材料明细信息

C. 编号　　　　　　　　　　　　　　D. 材料采购预算监控情况

7. 以下不属于设计采购付款通知单时必须考虑的因素是（　　　　）。

A. 因何付款　　　　　　　　　　　　B. 向谁付款

C. 付多少钱　　　　　　　　　　　　D. 材料验收入库日期

8. 付款业务流程不合理，在单证不全的情况下付款，导致的风险是（　　　　）。

A. 未有实物购进而有资金流出，甚至被骗走货款

B. 引起法律纠纷

C. 信用受损

D. 资金效益的流失

9. 以下不属于请购业务需要提供的信息的是（　　　　）。

A. 请购是否在采购预算范围内　　　　B. 企业的资金状况

C. 请购物资的详细情况　　　　　　　D. 请购是否经过适当审批

二、多项选择题

1. 采购的基本业务流程有（　　　　　　）核心环节。

A. 请购　　　　　B. 订货　　　　　C. 收货　　　　　D. 付款

2. 设计合理的采购业务流程及内容的作用有（　　　　　）。

A. 规避采购风险，加强内部控制　　　B. 防止资金的不当使用

C. 防止资金的闲置　　　　　　　　　D. 提供采购决策相关信息

3. 企业的请购人员可以有（　　　　　　）。

A. 物资需求部门的人员或其归口管理部门的人员

B. 后勤部门人员

C. 专门设立的请购部门的人员

D. 采购人员

4. 采购申请单的设计应该包括的内容有（　　　　　）。

A. 物料描述　　　　　　　　　　　　B. 采购申请部门、申请原因及用途

C. 到货日期　　　　　　　　　　　　D. 数量及单位

5. 在进行采购业务流程及内容的设计时，应该将涉及的不相容岗位进行分离，以下属于不相容岗位的有（　　　　　　）。

A. 请购与审批　　　　　　　　　　　B. 供应商的选择与审批

C. 采购、验收与相关记录　　　　　　D. 付款的申请、审批与执行

6. 在设计订货业务流程与内容时，应该为企业内部管理决策提供供应商详细信息，该信息的作用有（　　　　　　）。

A. 帮助企业选择合适的供应商

B. 判断采购人员和供应商是否存在利益交换以及商业贿赂等行为，从而防止企业遭受欺诈

C. 保证采购到质量过硬、价格合理的物资

D. 反映出仓库职责的履行情况

7. 在设计验收业务流程与内容时，应该提供"对异常情况的处理"信息，通过该信息，可以判断（　　　　）。

A. 是否出现资金闲置情况

B. 企业是否制订了采购验收标准

C. 验收人员是否严格执行了验收标准

D. 采购业务是否严格执行了预算

8. 以下属于验收业务应设计的表单有（　　　　）。

A. 请购单　　　　　　　　　　　　B. 质检报告

C. 材料采购入库单　　　　　　　　D. 付款通知单

9. "采购记录、仓储记录与会计记录是否一致"的信息，可以反映出（　　　　）。

A. 采购业务流程各环节是否保持一致

B. 采购业务流程各环节是否可以相互制约和相互印证

C. 采购资金是否合理使用

D. 会计信息的客观性和真实性

10. 设计采购付款通知单时，付款的授权审批人员可能有（　　　　）。

A. 采购部门负责人　　　　　　　　B. 财务部门负责人

C. 总经理　　　　　　　　　　　　D. 仓库部门负责人

三、判断题

1. 请购单是一份具有法律效力的书面文件。（　　　）

2. 采购管理应基于先进的 ERP 信息系统的支撑，将采购业务流程嵌入到信息系统中，在信息系统中完成采购业务的办理、审核、监管、审批等工作，实现采购管理过程的全程监管并可追溯。（　　　）

3. 不同的采购方式其重点管控的风险点相同，管理决策需要的信息也相同。（　　　）

4. 企业的原材料采购会影响生产的进度，所以，可以根据生产的需要，不经过请购环节而直接订货。（　　　）

5. 请购是否在采购预算范围内、请购是否符合生产经营的需要、请购物资的详细情况、请购是否经过适当审批等，都属于进行请购业务流程与内容设计应该提供的信息。（　　　）

6. 订货环节提供的不相容职务分离信息，可以防止一个岗位控制多个环节的现象。（　　　）

7. 采购订单的设计内容应包括关联的采购合同编号。（　　　）

8. 为了避免采购的物资出现"品种与规格不符、数量克扣、以次充好、账实不符"等情况，单位应明确验收标准、规范验收程序。（　　　）

9. 设计材料采购入库单时，其内容必须包括关联的请购单编号。（　　　）

10. 采购人员核对请购单、合同、订单、购货发票、运输发票及入库单，核对一致后，根据合同规定的付款方式，出具付款通知单。（　　　）

项目三
生产业务流程与内容设计

3

学习目标 >>>

 知识目标
1. 了解生产业务活动环节以及各环节存在的风险
2. 了解设计控制生产业务风险制度的理念
3. 了解在特定企业环境及业财融合要求下材料、人工、制造费用等基本流程设计思路

 能力目标
1. 能够按生产业务各种具体流程完成各环节任务
2. 能够利用各流程中形成的有关信息，为管理生产业务与成本管控提供建议

素养目标
1. 树立正确的职业态度和团队意识——通过学习与训练本项目中各具体任务，体会和感受从事各岗位工作应有的诚实守信、实事求是等职业素养，同时通过各岗位间的配合，提升团队意识，厚植自立自强的精神
2. 强化责任意识——通过完成具体任务，将责任落实。体悟责任是担当，也是一种幸福
3. 强化节约意识——通过参与案例企业实际的成本费用分析与控制活动，培养学生节约意识，推进生态优先、节约集约、绿色低碳发展

思维导图 >>>

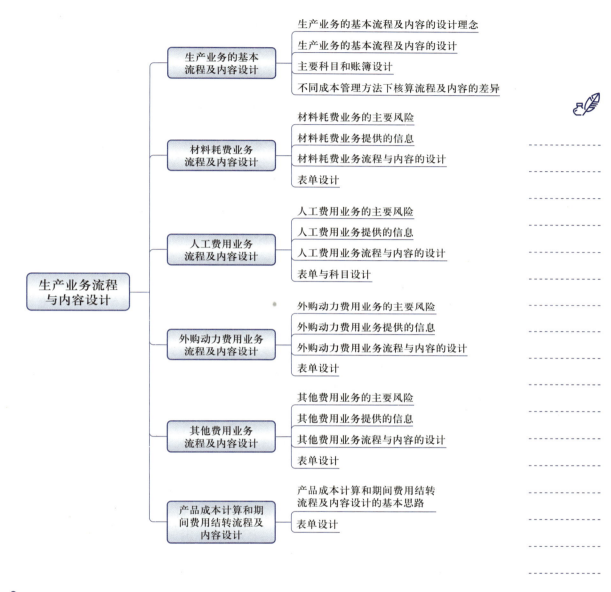

生产业务流程与内容设计

- 生产业务的基本流程及内容设计
  - 生产业务的基本流程及内容的设计理念
  - 生产业务的基本流程及内容的设计
  - 主要科目和账簿设计
  - 不同成本管理方法下核算流程及内容的差异

- 材料耗费业务流程及内容设计
  - 材料耗费业务的主要风险
  - 材料耗费业务提供的信息
  - 材料耗费业务流程与内容的设计
  - 表单设计

- 人工费用业务流程及内容设计
  - 人工费用业务的主要风险
  - 人工费用业务提供的信息
  - 人工费用业务流程与内容的设计
  - 表单与科目设计

- 外购动力费用业务流程及内容设计
  - 外购动力费用业务的主要风险
  - 外购动力费用业务提供的信息
  - 外购动力费用业务流程与内容的设计
  - 表单设计

- 其他费用业务流程及内容设计
  - 其他费用业务的主要风险
  - 其他费用业务提供的信息
  - 其他费用业务流程与内容的设计
  - 表单设计

- 产品成本计算和期间费用结转流程及内容设计
  - 产品成本计算和期间费用结转流程及内容设计的基本思路
  - 表单设计

德技并修 >>>

成本控制已成为一种习惯

创建于 20 世纪 80 年代末的 KF 公司，是一家股份制高新技术民营企业，主要生产经营系列橡塑机械设备及相关设备的零配件产品。公司技术力量雄厚，生产设备先进。自成立起，公司秉持市场为先导、成本控制为核心的发展理念，不断梳理和优化生产业务流程，实现了人人懂经营、岗位控成本、成本可追溯的管理目标。

2010 年 KF 公司在深圳证券交易所成功挂牌上市，并成为国内橡塑机械设备制造行业的标杆企业，也成为全球知名的橡塑机械设备及机关设备零配件的供货商，产品出口到全球多个国家和地区。

正如 KF 公司董事长所说，公司之所以在成本管制方面成为行业的佼佼者，是因为公司将产品质量、生产安全与成本管控作为一种习惯，让公司每一岗位、每一个员工牢固树立过"紧日子"思想，形成了以成本管理制度建设为根基，以全员参与成本管控工作为机制，以大数据、物联网技术为支撑，各部门、各岗位互通互联的成本控制系统。总结起来，该公司成本管制有如下特点。

（1）控制基础扎实。为实施全员、全过程的成本控制，公司逐步完善了成本管理制度。为此，公司以高质量发展的战略为宗旨，认真总结成本控制中存在的问题，鼓励全体职工敢于承认、敢于创新，从思想上让全体员工摆脱了制度牢笼的困境，将成本控制纳入到各部门、各岗位员工的日常工作之中，形成了以责任部门为主体、财务管理部门为协同的成本控制工作机制，营造全员成本管理控制的氛围与企业文化。

（2）多种方法联动。在成本控制方法上，公司围绕全方位控制的主导思想，结合先进的生产技术要求，不断尝试运用各种方法，形成了以标准成本控制为主，作业成本控制、责任成本控制等方法相互结合的方法体系，对生产过程中的材料、人工和制造费用进行了有效控制。

（3）实行过程控制。鉴于对全面成本控制的意识，公司将成本控制向前和向后延伸，成本控制包括设计、采购、生产、质量、销售以及售后等所有环节。

（4）激励机制先进。公司成本控制中心根据公司成本标准和成本指标，划分责任成本和责任单位，将成本控制纳入绩效管理，各部门、各岗位及每一位员工，按流程和要求，自主上传有关信息，责任部门整理分析有关材料，与财务管理部门共同加工处理成本信息，生成成本控制分析评价报告，并将结果及时反馈给各部门、各岗位及每一位员工。近年来，员工在如创意加工、废旧配件加工制作等各项比赛中，取得了一个又一个的骄人成绩。

【思考与启示】

（1）质量是企业的生命线、成本是企业的核心竞争力之一。从创立起，KF 公司始终将其作为企业发展的根基，并将秉持市场为先导、成本控制为核心的发展理念根植于心、付诸行动，用实际行动践行了初心使命。对于个人来说，应知行合一，不断修德、求知，用实际行动来践行个人的初心使命。

（2）KF 公司之所以成为行业的佼佼者，不断取得骄人的成绩，其原因之一是"敢于承认、敢于创新"。对于青年学生来说，要不断学习，敢于创新，自我赋能，努力提升自己，为社会经济建设贡献更多力量。

（3）KF公司形成了以责任部门为主体、财务管理部门为协同的成本控制工作机制，营造了全员成本管理控制的氛围与企业文化，使各部门、各岗位及每一位员工互相协调、共同努力，用"过紧日子"的思想激发了员工的责任心、事业心。对于每一个人来说，面对困难问题时，应学会向他人学习，与周围人一起共同寻找解决难题的方法，逐步培养自己的团队合作精神和勇于承担责任的精神，并将其运用到学习、工作和生活之中。

任务一 / 生产业务的基本流程及内容设计

一、生产业务的基本流程及内容的设计理念

（一）风险与成本费用控制下的生产业务存在的风险

生产业务是指企业生产部门的生产人员按生产计划及进度，应用相应的劳动工具，经过一定的生产工艺流程，将产品所需要的各种材料加工成符合产品标准规格和技术条件，可以按照合同规定的条件送交订货单位，或者可以作为商品对外销售的产品的全部过程。根据《企业内部控制应用指引第4号——社会责任》第10条规定，企业应规范生产流程，建立严格的产品质量控制和检验制度，目的在于防范风险、进行成本费用控制。生产业务环节可能存在的风险主要表现为以下几个方面。

1. 生产计划与生产进度计划缺陷

① 生产计划不科学，表现为不按销售计划及时调整生产计划，或者在生产进度计划表中无法准确规定生产进度，或不标记生产时间，无法合理安排物料、人员、设备等有关生产因素；② 生产时间观念差，插单、挪单等异常管理事项增多，同期内的产品生产混乱，产销不协调，合同纳期管理和存货库存管理难度加大；③ 生产、库存的管理成本上升，缺货形成的成本的可能性也随之加大。

2. 物料领用管控缺陷

① 存货管理中不相容岗位职责制度不健全，或执行不到位；② 领用和消耗标准不明确，或虽有明确标准，但不按排产数量、工艺技术的用料标准领料；③ 物料领用中的授权批准制度不健全，不符合工艺标准，尤其系超工艺标准或返修时领料不按独立审批流程领用，与正常领用相同，无法对超领进行考核；④ 因物料的质量问题，或因报废产品形成的材料，不按流程办理退、入库手续，造成物料消耗增加或因丢失而造成直接损失。

3. 人工费用管控缺陷

① 工时定额、标准不科学；② 现场调度不合理，产生窝工、停工，或者加班加点等现象；③ 出缺勤记录和工时记录不准确等，导致绝对人工成本和相对人工成本上升。

4. 制造费用计算不精确

① 生产部门缺乏应有的专业，对各项费用的定额或预算不科学；② 对费用的发生，尤其是超支项目缺乏必要分析和控制；③ 制造费用分配标准选择单一等，一方面导致无法采取有效措施控制超定额或超预算现象，另一方面则因单一的分配标准而影响产品生产成本的精确性。

5. 仓储管理缺陷

① 不按规定对包括原料、备品备件、产成品等在内的所有物资进行检验与计量；② 不严格对所有物资入、出进行登记；③ 对物资的盘存管理不及时，或有疏漏。不符合要求的检验，既可能直接产生废品（包括废料），也可能增加产品修复，致使产品成本增加；不准确的计量，使成本计算不真实。物资出入记录不全，既会加大管理难度，也会造成无法及时核算产品成本的后果。不及时或有疏漏的盘存管理，会导致被盗、毁损、积压等问题而产生的损失。

（二）生产业务基本流程及内容设计的基本理念

1. 建立健全生产成本核算与成本控制的职责制度

生产成本核算与成本控制是一个由业务部门、计划部门、生产部门、物料部门、仓储部门、财务部门等单位组成，各司其职、相互配合的内部控制过程。因此，企业应根据其机构设置和成本管制的实际情况，按不相容职务（岗位）相分离制度和授权批准机制的要求进行设计，明确有关部门、相关岗位及人员的职责权限，以及它们之间的相互配合的工作内容及其要求。

2. 建立健全生产成本核算与成本控制各项基本制度

生产成本核算与成本控制中，如何实施成本核算与成本控制的关键在于成本核算与成本控制环节、内容方面的标准。因此，在具体设计时，应根据生产业务流程及内容，制订各种原始记录管理制度和料工费等各种消耗的计量方法与标准，确立成本费用开支范围，以及成本考核与评价机制，做好各项成本费用的预算或定额工作，充分体现事前、事中和事后的生产成本管制要求。

3. 培育先业务后财务的业财融合文化

成本核算与控制是基于生产业务发生的事实，这就要求与生产业务相关的所有部门、所有岗位及所有人员，应树立"业务先行，财务在后，但财务可引导业务"融合文化，且应将其渗透在生产业务流程与内容设计的始终。

基于上述分析，在设计生产业务基本流程与内容时，应从以下三方面考虑。

（1）规范生产业务部门及岗位设置；

（2）规范生产成本核算的一般流程；

（3）规范生产成本控制的一般流程。

二、生产业务的基本流程及内容的设计

根据生产业务内部控制的要求和经营管理决策的需要，基于企业生产制造信息系统，生产业务基本流程及内容设计主要包括涉及生产业务的部门及岗位、生产成本核算的一般流程及内容和生产成本控制的一般流程及内容。

生产经营的基本业务流程及内容设计

（一）生产业务管理的基本流程及内容的设计

生产业务流程及内容包括与生产业务有关的部门、岗位及其相应的业务。按设计时要体现不相容职务（岗位）相分离下的各司其职、相互协调与配合的制度要求，本设计是以产品制造企业为对象，以非新产品开发的生产业务为例，按生产信息系统对信息的要求而设计的。具体如表 3-1 所示。

表 3-1　生产业务管理的基本流程及内容

步骤	部门	岗位	业务内容	操作流程
1	销售部	销售	① 分析、分解客户订单； ② 编制销售计划； ③ 审核销售计划； ④ 下达销售计划	销售人员依据销售订单中客户的需求，包括产品、数量、单价、交货期等完成查询，并与库房核对库存信息→编制销售计划→提交部门负责人进行审核→销售人员根据审核后的销售计划，结合生产能力将其分解为月份计划→下达销售计划
2	生产部	计划	① 编制产品生产计划； ② 审核产品生产计划； ③ 拟订生产任务进度表； ④ 修订生产任务进度表； ⑤ 审批生产任务进度表； ⑥ 下达生产进度	计划人员根据销售计划，结合库存信息，编制初步产品生产计划→负责人组织有关人员进行产能分析→根据分析结果修正产品生产计划→负责人再次审核产品生产计划→根据审核后的产品生产计划、月份销售计划及物料计划编制车间生产任务进度表→组织车间负责人分析车间生产任务进度表→计划人员按分析意见修订生产任务进度表→负责人审批生产任务进度表→下达生产任务进度
3	采购部	采购	① 编制采购申请计划； ② 办理采购； ③ 办理物料入库； ④ 采购付款	采购根据生产计划、物料清单现有库存、在途量、安全库存、采购周期等编制采购申请计划→采购→物料检验→物料入库

续表

步骤	部门	岗位	业务内容	操作流程
4	车间	核算	① 编制生产用料申请单； ② 领用生产用料； ③ 登记生产台账，填写生产记录，填写物料消耗单，填写工时记录表； ④ 分析建议	核算人员根据生产任务进度表填制生产用料申请单→负责人审核→与库管人员核对； 库管人员填制领料单→有关人员按授权批准制度在领料单上审核签字→严格按物料使用流程完成物料的交接与转移手续→登记材料出入库台账，并及时提交物料领用单； 核算人员登记生产台账→提出质检申请→核算人员根据生产任务完成的相关信息与生产任务进度进行比对，计算产品完成率和生产均衡率等指标→分析原因，提供建议
5	质检部	质检	① 质量检验； ② 出具质检报告	质检人员根据质检申请，按产品质量检验标准和企业质量检验制度进行质量检验→出具质检报告
6	车间	送件核算	① 填写产品移交清单； ② 办理移送手续； ③ 填写入库单； ④ 填写生产损失报告单	车间送件员确认移送成品的数量→填写产品移交清单→送件员与库管在入库单上签字确认； 核算人员根据质检报告，确认废品的性质、严重程度及可修复等信息→填写废品报告单或停工检修报告单 提交产品入库等信息
7	成品库	库管	① 核对入库信息； ② 登记成品台账	仓库管理根据成品管理要求，整理摆放入库成品→核对入库成品信息→根据审核签字的入库单登记成品台账
8	财务部	会计	① 收集有关信息； ② 审核有关单据； ③ 进行成本核算； ④ 进行成本分析	会计人员按成本核算流程，及时收集有关信息→按成本费用开支范围对相关单据进行审核→根据生产类型特点和成本管理要求，选择一定方法进行成本费用核算→按成本标准进行成本分析

（二）生产成本核算业务一般流程及内容设计

产品生产成本核算是成本管控的中心，但各企业因其生产类型特点和成本管理要求不同，所以成本核算方法也有一定的差异。这种差异表现为生产成本核算业务的流程设计上的不同。本流程是以完全成本法下的品种法为例来设计的。生产成本核算流程与内容如图 3-1 所示。

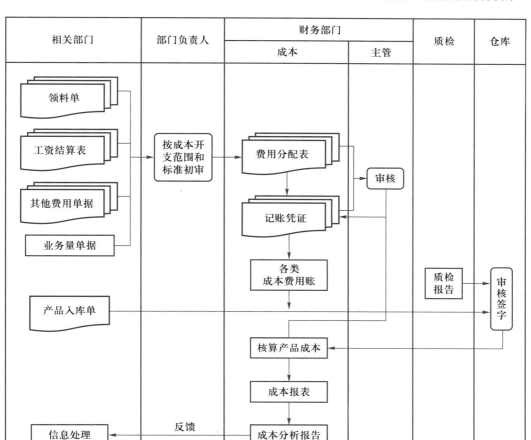

图 3-1　生产成本核算流程与内容

图 3-1 中，相关部门包括生产车间、设备管理部门、人力资源部门、外购动力管理部门等。其中，生产车间主要负责领料单、产量、工时等核算单据编制与审核；人力资源部门负责人工费用结算表、员工信息等核算单据编制与审核；设备管理部门负责设备使用、维修中发生的各种费用核算单据的编制与审核；外购动力管理部门负责水、电、气等发票及各部门有关动力的消耗量等核算单据编制与审核。按内部控制要求，有关单据除本部门审核外，还需要经其他部门的负责人审核审批。财务部门收集整理各种单据，并按各费用发生地点和用途，生成各种费用分配表，并交由财务部门负责人或财务主管对其进行审核。财务人员根据审核后各种费用分配表，生成记账凭证。月末，财务人员根据审核后的记账凭证和完工产品的入库信息，完成成本计算的工作，并出具产品生产成本报表。

（三）生产成本控制的一般流程及内容设计

生产成本控制是在产品生产的整个过程中，按预先设定控制标准进行监督，并对生产成本核算的基础上，通过定期与不定期分析，确定超过标准的不利因素及其原因；制订相应控制措施，把成本控制在标准之内，从而实现降低成本的目标。基于企业内部控制和成本管理要求，生产成本控制流程及内容如图3-2所示。

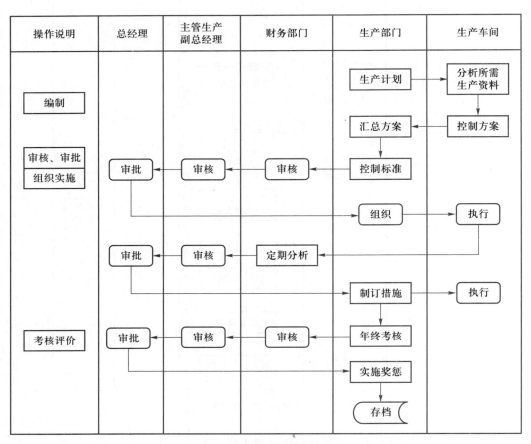

图3-2 生产成本控制流程及内容

不同企业的内部机构设置不尽相同，反映在生产成本控制活动的部门设置及工作内容方面也有一定差异。图3-2是基于总经理审批机制而设置的。其中，生产车间根据生产计划，通过对生产活动所需要的生产资料、生产对象等进行的分析活动，编制控制方案；生产管理部门汇总各车间的控制方案，并结合成本控制目标，编制成本控制标准或成本预算；经过财务部门和主管生产的部门负责人审核后，由总经理进行审核审批。生产管理部门组织各车间严格按审核、审批的成本控制标准执行。一定阶段结束时（通常按月），财务部门将实际执行情况与成本控制标准（成本预算）进行比对分析，出具生产成本控制分析报告，并按内部控制机制要求，由主管生产的副总经理审核，最终由总经理审批。生产管理部门根据审核、审批的生产成本控制分析报告中提供的建议，编制具体的纠偏方案，组织监督各生产车间实施纠偏工作。年度终了，由生产管理部门牵头，对全年成本控制情况进行考核评价，出具成本考核评价报告，提交主管生产副总经理审核后，由总经理进行审批。人力资源部门依据成本控制考核评价制度，结合考评结果，实施奖惩。为保证成本控制的可验证性，年度结束时，企业应将成本控制活动的过程性资料和结果资料进行整理归档。

 边学边练

训练资料：白鸽有限责任公司是一家生产经营服装的加工企业，根据公司章程和内部控制要求，设计内部组织架构如图3-3所示。

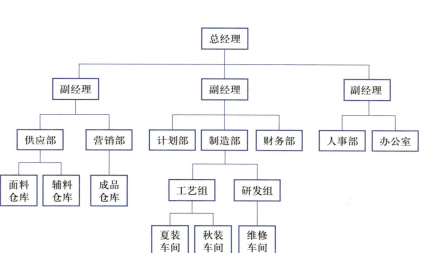

图 3-3 内部组织架构

公司生产经营的产品有T恤衫、连衣裙、男式夹克和女式风衣。生产产品过程中所耗材料为面料和辅料。其中面料有：棉、麻、丝、纤维等质地的布料；辅料有里料、衬料、线、织唛、纽扣（拉链）、挂牌等。为加强产品成本控制，制订了《白鸽有限责任公司成本控制流程制度》。制度中规定各部门的成本控制职责，具体如下：

计划部根据总经理审批后的生产预算，编制生产进度表，经部门负责人签字，再由副经理审核后于规定时间内送达制造部。

制造部根据营销部的产品策划书、研发组的产品设计文件，按标准用量编制生产消耗用量表，经部门经理审核后连同产品策划书和产品设计文件，递交给分管副经理审批，并将审批后的生产消耗用量表传至财务部成本核算组。

制造部根据生产计划、用料清单，填写采购申请，经部门负责人初审后，报供应部。

制造部跟单员及时收集与生产相关的各种费用单据，经部门负责人初审后传递至财务部成本组。

制造部根据生产计划和加工进度安排，填写材料领用申请，部门负责人签字；传至供应部，由仓库填写领用材料单，经车间、仓库有关人员签字，供应部负责人审核后传至财务部成本组。

供应部相关岗位人员根据面料仓库和辅料仓库现有库存、安全库存、到货周期，汇总采购申请单，提交部门负责人审核，交副总经理审批；货物到达后，组织验收，并与仓库管理员共同填制材料入库单，交部门负责人审核，连同采购申请汇总表传递至财务部成本核算组。月末，编制未到货统计表，交财务部。

制造部负责清点加工产品，按实际入库数量填制产品入库单，与计划部核对，交部门负责人审核后传至财务部。对于加工中产生的返修品、废品填写专门记录单，经双方核对签字后传至财务部。

人事部收集、审核车间核算员提交的各种人工费用原始单据，并根据公司核准的工资核算办法，编制工资及福利汇总表，经部门负责人审核签字后，传至财务部。

办公室负责审核各部门填写的办公用品采购申请单；有关岗位人员编制办公用品采购汇总表，交负责人审核签字；收集采购发票等各种原始单据，于规定时间内传至财务部，办理报销手续。

各部门负责收集、审核发生的其他费用单据，于规定时间内传至财务部。

财务部成本组主要负责产品成本的核算与分析工作。

训练任务：根据本项目知识，结合白鸽有限责任公司组织机构设置及成本控制流程制度主要内容，完成以下任务：

（1）绘制该公司生产业务管理一般流程；

（2）绘制该公司生产成本控制流程；

（3）补充该公司财务部门在成本核算中的相关职责信息，并绘制该公司成本核算流程。

三、主要科目和账簿设计

基于生产业务的流程及内容设计的关键问题，结合成本核算与管理以及完全成本法核算制度，设置关于生产成本核算的成本费用类科目。主要会计科目包括生产成本、制造费用、管理费用、销售费用、财务费用等总账科目和成本管控要求下对应的明细科目。另外，为总括和详细地反映成本费用核算与管理信息，应相应地设置与科目对应的总分类账和明细分类账以及必要的辅助类账簿。

四、不同成本管理方法下核算流程及内容的差异

（一）主要成本管理方法的差异

从企业的实际应用情况看，目前主要有完全成本法、变动成本法、标准成本法和作业成本法几种成本管理方法。每一种方法均能满足成本管控要求的同时，又有各自的特点，具体表现在各方法间的核算流程及内容方面，具体如表3-2所示。

表3-2　各成本管理方法下核算流程及内容差异

成本管理方法	核算流程	会计科目	应用前提
完全成本法	按成本核算对象开设成本明细账→按用途登记生产成本和制造费用账→按工时等标准结转制造费用→计算结转完工产品生产成本	生产成本 制造费用	生产费用按经济用途进行分类
变动成本法	按成本核算对象开设生产成本、变动制造费用和固定制造费用明细账→按成本性态登记生产成本和变动制造费用账→按工时等标准结转变动制造费用→计算结转完工产品变动生产成本→处理固定制造费用	生产成本 变动制造费用 固定制造费用	生产费用按成本性态进行分类
标准成本法	按成本核算对象开设成本明细账→按预先制订的标准成本计算登记实际产量下的生产成本账户和各种差异账户→计算结转完工产品的标准生产成本→处理各种差异→调整主营业务成本	生产成本 直接材料用量差异 直接材料价格差异 直接人工工资率差异 直接人工效率差异 变动制造费用耗费差异 变动制造费用效率差异 固定制造费用耗费差异 固定制造费用能量差异	生产费用按经济用途进行分类
作业成本法	按成本核算对象开设生产成本和制造费用明细账→按资源动因归集作业成本→按作业结转制造费用账→计算结转完工产品生产成本	生产成本 制造费用	生产费用按作业动因进行分类

（二）选择与设计成本管理方法的基本建议

企业在实施成本核算与管控活动时，既可以选择单一方法进行管控，也可以选择两种及以上方法进行。因此，在选择与设计时，应以生产经营基本业务流程为基础，根据案例企业的生产类型特点与成本管制要求及成本管理方法予以调整，并相应地设计成本类会计科目名称、科目级次以及对应账户的账页格式。

1. 变动成本法

当企业规模大，产品或服务的种类多，产品生产经营中固定成本比重较大，更新换代速度较快，且计入产品成本中的固定成本比重大时，选择变动成本法可正确反映产品盈利状况，有利于明确企业产品盈利能力和划分成本责任，利于企业经营预测和决策。

2. 标准成本法

当企业的产品及其生产条件相对稳定，或生产流程与工艺标准化程度较高时，选择并制订料工费消耗标准，通过计算与处理实际与标准间差异并分析差异原因，为成本管控提供信息的基础上，可促进企业的成本费用预算更为科学合理。

3. 作业成本法

企业规模较大，产品、客户和生产过程多样化程度较高；作业类型较多且作业链较长，同一生产线生产多种产品，间接或辅助资源费用所占比重较大，且管理层对产品成本准确性要求较高时，选择作业成本法能够提供更加准确的各维度成本信息，有助于企业提高产品定价、作业与流程改进、客户服务等决策的准确性；改善和强化成本控制，促进绩效管理的改进和完善；推进作业基础预算，提高作业、流程、作业链（或价值链）管理的能力。

任务二　材料耗费业务流程及内容设计

一、材料耗费业务的主要风险

就制造业而言，生产过程中使用的材料既包括构成产品实体的原料及主要材料，也包括有助于产品形成的各种辅助材料，还包括燃料、外购半成品、修理用备件和各种周转材料。这些材料的耗费随产品形成过程集中反映在产品的生产成本和期间费用上。按生产流程，材料耗费主要表现为生产车间根据生产任务及具体的生产指令提出使用申请，并按生产工艺及技术标准使用等全部过程，结合生产成本内部控制要求，材料消耗过程中的主要风险主要表现在领退、使用和仓储等环节。具体存在以下几方面的风险。

（1）授权审批制度不健全，或执行不严格，不按生产进度申请与审核所需材料，实际领用过多或过少，退补料业务增多，导致材料库存信息不准确、不及时，进而可能产生材料过剩产生的占用损失，或生产用料不足而带来的待产损失。

（2）生产消耗控制不严格，不按流程与标准使用材料，实际消耗超出标准，无法达到降低成本的要求。

（3）不按手续及时办理退库手续，对非正常消耗不及时追查，导致材料丢失、毁损，或因保管不善而造成损失。

二、材料耗费业务提供的信息

材料耗费业务提供的信息如下：

（1）实际产量下各种材料的消耗数量与金额；

（2）退补料次数；

（3）材料费用用量差异；

（4）材料费用价格差异；

（5）材料库存预警信息。

在设计材料耗费业务流程与内容时，应该能够通过流程的运行，为企业内部管理提供以上信息。

三、材料耗费业务流程与内容的设计

为了规避上述风险，降低材料消耗，提供生产成本核算与控制方面的材料消耗成本费用信息，设计材料耗费业务流程及内容时要根据企业关于材料耗费生产计划管理制度、物料出库管理制度、物料使用制度以及物料退补流程等以及内部控制制度下的部门及岗位职责要求而进行。基于上述制度安排，材料消耗业务一般流程及内容如图3-4所示。

图3-4中，生产车间计划人员根据审核后的生产任务进度表，结合库存信息，按每种产品物料消耗标准计算一定生产时间内所耗材料的品种、数量，填写领用材料申请单；车间负责人在领料申请单上审核签字。仓库管理人员根据签字后的领料申请单，填写领用材料信息，生成领料单。在实际中，领料申请单也可用领料单代替，即车间计划人员填写领料单后，经车间负责人审核签字。仓库管理人员与生产车间核对后，由仓库负责人在领料单上签字确认。因生产过程中存在插单调单、技术修改等形成物料的多余或不足，工废、料废等事项形成的废料，或盘点过程中形成的盘盈物料，需要按相应物料管理制度采取具体的手段，经现场计量、确认后，填写退料申请单和请验单；经质量检验部门完成检验后，在退料申请单上签字，或出具检验报告。不足部分，应根据生产需要和物料库存确定是否进行紧急采购，或与供应商联系予以补货；多余部分，由车间计划人员提交退料申请单和检验报告到仓库办理退料手续。盘点环节，由仓库管理部门牵头，财务部门等相关部门配合，根据盘点结果填写盘点表，参与人员签字确认。财务部门根据确认的盘点表，生成盘点报告，交企业负责人审批后办理入库手续。

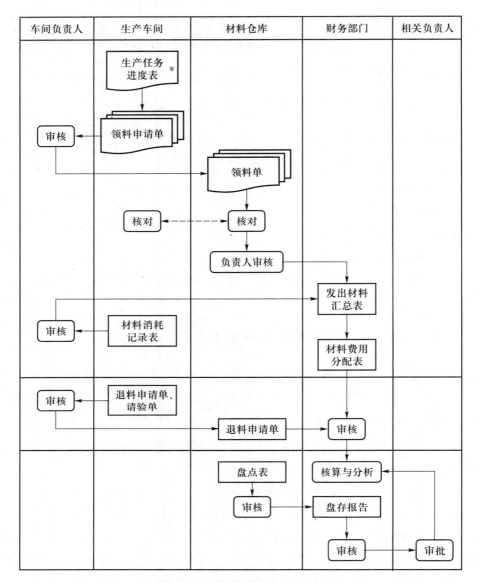

图 3-4 材料消耗业务一般流程及内容

四、表单设计

（一）设计思路

为加强材料消耗业务各环节的核算与管理工作，根据企业内部控制制度和关于物料管理的各项制度对材料消耗的要求来设计相应表单。表单格式及要素设计既要体现"事前有申请、审核、审批，事中有控制和事后有分析"的要求，又要体现有关岗位及人员在相应权限内完成填报、审核、审批等方面的责任要求，并能通过系统统计各种物料的领、退、补、消耗等各种具体信息，显示消耗标准与实际使用情况，以及实际消耗与标准之间的差异。基于材料消耗流程及业务内容设计，结合材料标准成本控制的要求，该业务涉及的表单主要有领用材料申请单、领料单，退料申请单、退料单，发出材料汇总表、材料费用分配表，材料盘存单、盘盈盈亏报告表和材料耗费记录单以及材料消耗方面的管理控制报告。

1. 关于表单种类、格式的设计

不限于上述流程图中所涉及的表单，具体应依据案例企业内部控制和成本控制的要求进行调整确定，具体体现在各表单的格式、要素、联次、用途及审核审批路径设计上。

2. 关于审核审批权限的设计

应依据案例企业的机构设置以及该业务的授权批准制度设定岗位及职责权限，具体体现在满足有关环节业务事项的人工录入操作以及自动生成发出材料汇总表、材料费用分配表、盘盈盈亏报告单等有关表单等方面。

3. 关于材料消耗、盘存的核算设计

设计应根据材料耗费的各种表单及相关统计资料生成记账凭证并进行具体核算，生成成本费用账簿信息。

4. 关于材料耗费分析设计

流程图中的核算与分析专指关于生产耗费、库存等账簿信息，为实现节约材料消耗目标和进行材料库存预警，流程中可增设材料消耗的分析报告和库存预警报告。

按会计核算和管理者对费用信息的要求，应设计反映材料费用发生的会计科目名称、级次和对应的账户名称、级次和格式，如生产成本、制造费用、管理费用和销售费用等会计科目及按产品和直接材料成本项目、材料费等费用名称设计相应级次的明细科目，及其对应账户账页格式；按管理者及有关部门对材料费用进行控制的要求，应设计材料费用消耗差异分析报告和退补料分析报告等控制报告。

（二）表单样式

本书提供了领用材料申请单、领料单两个表单样式，具体如表 3-2 和表 3-3 所示，其他表单仅提供了表单中的基本要素。

1. 领用材料申请单

领用材料申请单如表 3-3 所示。

表 3-3　领用材料申请单

序号	类别	编号	规格型号	数量	单位	使用部门	申领日期	备注
1								
2								
……								

车间负责人：　　　　　　　　　　　　　　　　　　　　　　填制：

2. 领料单

领料单如表 3-4 所示。

表 3-4　领　料　单

编号：

生产单号	产品编号	产品名称	投产数量	开工日期	领料日期	材料编号	材料名称	材料仓库	计量单位	申请数量	实发数量	工序序号

审核：　　　　　　　　　　　　　　　　　　　　　　　　　　制单：

3. 退料申请单基本要素

退料申请单的基本要素包括：编号，年、月、日，退料单位，领料单号，材料编号，材料名称，规格型号，数量，计量单位，退库原因，签字：退料人员、质检人员、审核人员。

4. 退料单基本要素

退料单（通常用红冲入库单代替）的基本要素包括：编号，年、月、日，退料单号，退料类别（根据原因设计），材料编号，材料名称，规格型号，计量单位，数量，领料单号，制单，审核，审批。

5. 发出材料汇总表基本要素

发出材料汇总表的基本要素包括：编号，年、月，生产单号，领料单号，退料单号，材料类别，名称，规格型号，使用数量，计量单位，单价，金额，填制人员，审核人员，汇总人员。

6. 材料费用分配表基本要素

材料费用分配表的基本要素包括：编号，年、月，受益对象，分配标准，待分配金额，直接计入金额，合计，填制人员，审核人员。

 边学边练

材料消耗记录表是财务部门完成发出材料汇总表时的重要信息之一，设计该表时主要包括以下内容：① 记录表名称；② 日期；③ 材料编号，名称；④ 材料消耗定额；⑤ 产品产量及计量单位；⑥ 规格型号；⑦ 数量、材料计量单位；⑧ 单价；⑨ 金额等。

任务三　人工费用业务流程及内容设计

一、人工费用业务的主要风险

人工费用是以"直接人工"项目和"工资""福利费"等要素费用分别反映至成本费用各有关账户之中的。按成本开支范围和成本核算制度规定，人工费用既包括生产工人的工资、福利、社会保险及住房公积金等，也包括生产车间管理人员的薪酬及福利、社会保险及住房公积金等。该业务内容包括根据企业薪酬制度和企业员工属性，按其耗费地点和用途进行归集，并以生产环节的工作量统计资料为依据，计算与分配人工费用；会计期末，财务部门结合人工费用标准（预算），分析考核人工费用的实际发生额与标准（预算）之间的差异，进而为管理者提供有关信息来控制人工费用。基于对人工费用业务内容的梳理和人工费用业务的核算与控制要求，本业务可能存在的风险主要有以下几个方面。

（1）对人工费用核算的范围、内容理解有误，会计处理不符合企业会计准则要求，导致人工成本核算有误。

（2）人工费用标准（预算）不先进或不合理，无法发挥前馈控制作用，可能导致人工成本失控。在增加人工成本的情况下，影响员工的积极性，进而产生因工作效率低下给企业带来的劳动生产率损失。

（3）法律意识淡薄，违反工薪、保险、福利等法律法规或合同约定，产生劳动争议及法律诉讼，或受到处罚，从而给企业带来消极影响和经济损失。

二、人工费用业务提供的信息

人工费用业务提供的信息如下：

（1）实际产量下生产工时；

（2）工时标准（或工时定额）；

（3）员工出缺勤记录；

（4）实际人工费用；

（5）人工费用效率差异；

（6）人工费用工资率差异；

（7）绩效工资信息及绩效考评结果。

在设计人工费用业务流程及内容时，应该能够通过流程的运行，为企业内部管理提供以上信息。

三、人工费用业务流程与内容的设计

人工费用与有关法律制度紧密相关，因此在设计其业务流程与内容时，应依据《中华人民共和国劳动法》《中华人民共和国民法典》（合同编）、《企业会计准则》和企业薪酬管理制度，以制订工时标准和工资率标准（预算）为起点，严格按企业薪酬制度进行人工费用核算，完整、准确、及时地核算人工成本，并以能提供人工费用控制活动所需要的信息为逻辑，设计人工费用的业务流程及各环节的内容。

在具体设计时，依据企业内部控制要求，设计人工费用核算与管控所涉及的部门、岗位及业务内容，并能根据相应的职责权限，既能完成人工费用核算所需各种基础单据的填制、审核与审批等操作，又能根据业务信息、财务信息以及参数选择完成个人工资查询、工资调整、自动生成人工费用汇总表、人工费用分配表及人工费用核算资料，包括记账凭证和账簿信息，且确保这些信息有助于人工费用的分析与控制。人工费用业务流程及内容如图3-5所示。

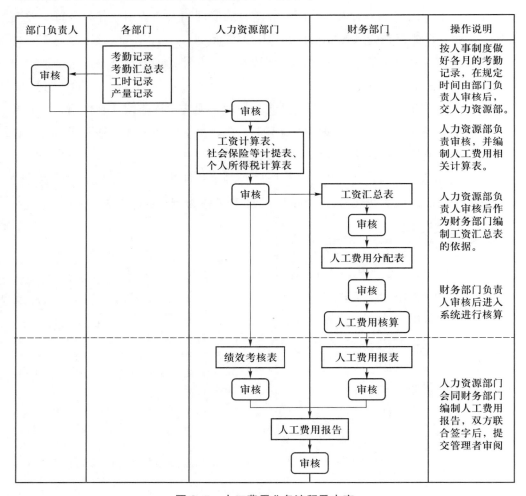

图 3-5　人工费用业务流程及内容

四、表单与科目设计

（一）设计思路

为加强人工费用业务各环节的核算与管理工作，根据企业内部控制制度和关于人工费用管理的各项制度对人工的要求来设计相应表单。表单格式及要素设计既要体现"事前有审核、事中有控制和事后有分析"的控制要求，又体现有关岗位及人员在相应权限内完成人工费用核算中所需的工时、产量等记录、计算与审核、人工费用归集与分配等方面的工作责任要求，并能通过系统收集并传递考勤、工时、产量等人工费用核算所需要的各种信息，也能反映工资、社会保险、个人所得税等计算信息以及人工费用消耗地点及用途等信息，并能为管理提供人工费用的实际发生情况，以及实际与标准之间的差异情况。基于人工费用业务流程及内容设计，结合标准成本控制的要求，该业务涉及的表单和科目主要有以下几方面。

（1）人工费用核算类表单，包括工时统计表，考勤记录表，考勤汇总表，产量记录单，工资计算表，个人所得税代扣计算表，人工费用汇总表，人工费用分配表，社会保险费、住房公积金、工会经费、职工教育经费等分配表。

（2）人工费用控制类表单。为控制人工费用，需要设计人工费用统计表、人工费用核算情况分析表以及人工费用控制报告。其中，人工费用统计表由人力资源部门编制，主要反映计算人工费用的各项基础资料；人工费用核算情况分析表主要反映人工费用实际与标准（预算）之间的差异及差异原因；人工费用控制报告则由人力资源部门会同财务部门结合统计资料和分析表编制，经双方联合审核后，按流程报经有关管理层审阅，并向有关人员传达。

（3）人工费用核算会计科目及级次。为核算人工费用，除设计生产成本、制造费用等成本类会计科目外，还应设置"应付职工薪酬"总账科目及明细科目，具体包括：短期薪酬、社会保险、住房公积金、职工教育经费、职工福利费、工会经费等各级科目。

（二）表单样式

本部分只提供工资计算表和人工费用汇总表两个表单样式，具体见表3-5和表3-6，其他表单提供了各表单中的基本要素。

1. 工资计算表样式

工资计算表如表3-5所示。

表 3-5 工资计算表

序号	工号	姓名	应付工资						扣发工资						实发工资	月份
			基本工资	津贴	加班	全勤奖	补助	合计	缺勤	社保	住房	个税	其他	合计		
合计																

审核：   制表：

说明：为适应企业需要，表3-5中的应付工资和扣发工资栏下可设计增加项和减少项选项栏，以便使用者根据实际情况进行选择；在工资计算表中设计"全勤奖""缺勤"栏，主要反映员工满勤、事假、病假、休假等日数，以便计算员工的出缺勤工资外，还可以完成对员工进行纪律方面的考核工作。

2. 人工费用汇总表样式

人工费用汇总表如表3-6所示。

表 3-6 人工费用汇总表

年   月

部门	人数	应付工资						扣发工资						实发工资
		基本工资	津贴	加班	全勤奖	补助	合计	缺勤	社保	住房	个税	其他	合计	
合计														
总计														

审核：   制表：

3. 工时统计表基本要素

工时统计表的基本要素包括：编号，填制时间，开工时间，序号，生产产品或零部件名称，数量，工序及工序实际时间、人数，总工时，总人数，工序及工序标准实时，填制，审核。

4. 考勤记录表基本要素

考勤记录表的基本要素包括：编号、月份、部门、姓名、出勤、休假、病假、事假、迟到、早退、旷工、加班、夜班等。

5. 考勤汇总表基本要素

考勤汇总表的基本要素包括：编号、月份、单位、部门、姓名、出勤天数、应出勤天数、休假、病假、事假、迟到、早退、旷工、加班、夜班等。

6. 产量记录单基本要素

产量记录单的基本要素包括：编号、年月日、班次（小组或个人）、品名、前班次结存、前班次移交、本班次生产、本班次结存、移交人、接收人。

7. 个人所得税代扣计算表基本要素

个人所得税代扣计算表基本要素包括：序号，职工姓名，月份，收入类型、本月数及累计数、扣减项目金额及累计，专项附加扣除累计，应纳税所得额，适用税率，速算扣除数，累计应纳额，已缴税款，应补退税款，审核，填制。

说明：以上表单样式以及表单中基本要素的设计均在一定条件下进行。在进行设计时，需要视企业的具体情况而定。对于控制类表单，贯穿在分析报告之中。一般而言，报告表单中通常以实际发生数、标准（预算）数以及它们之间的差异为主要要素，还有根据差异结果做出的如有利或不利的基本判断等栏目。

任务四　外购动力费用业务流程及内容设计

一、外购动力费用业务的主要风险

在生产业务活动中，水、电、气等外购动力费用主要发生在产品生产环节和经营管理环节，具体反映在生产成本、制造费用和各期间费用账户之中。就水电费等外购动力费用的核算与控制要求看，其业务主要包括各种外购动力费用的用量统计、用量复核、费用计算等环节，其主要风险表现为以下几个方面。

（1）流程不标准，缺乏授权、审核机制，人为调节有关部门的使用量，部门费用不实，一方面导致生产成本信息不准确，另一方面无法进行费用方面的考核评价；

（2）岗位人员频繁变更，相关人员不熟悉操作，或审核职能弱化而产生基础数据差错，导致费用核算准确性降低；

（3）业财双方沟通与监督不及时，或缺乏对外购动力费用的业务明细进行监督，无法发挥财务对使用部门有关设施、设备建设与维护的指导作用，甚至各部门的节约意识的提升。

二、外购动力费用业务提供的信息

外购动力费用业务提供的信息如下：

（1）各部门实际消耗；

（2）实际消耗与标准费用之间的差异；

（3）外购动力费用控制分析报告。

在设计外购动力费用业务流程及内容时，应该能够通过流程的运行，为企业内部管理提供以上信息。

三、外购动力费用业务流程与内容的设计

为了使动力使用部门和管理部门参与到财务管理活动之中，发挥财务部门对动力使用部门和管理部门节约外购动力费的指导作用，结合企业内部控制机构设置以及成本费用核算制度要求，明确外购动力费用的管控流程及流程中相关岗位具体权限、工作任务，并能按流程完成外购动力耗用清单、外购动力耗费分配表等有关原始单据的填制、审核等手工操作，并能生成外购动力费用核算的记账凭证和账簿信息，以及外购动力费用差异分析报告。基于上述思路，外购动力费用业务流程及内容见图 3-6 所示。

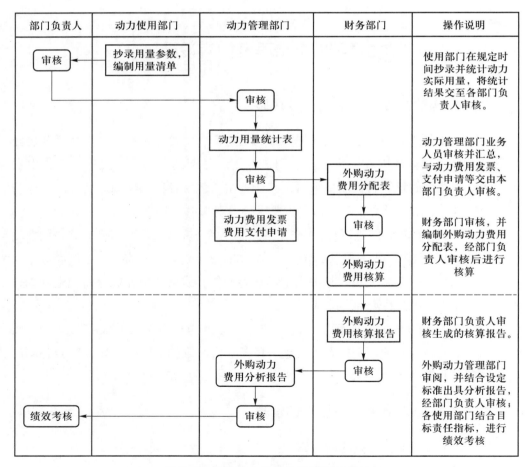

图 3-6　外购动力费用业务流程及内容

四、表单设计

（一）设计思路

为完成外购动力费用核算与管理业务，以及由此引起的货币资金支付业务，根据企业内部控制制度和管理需要，各表单要素设计既要体现"事前有申请、事中有控制、事后有分析"的控制要求，又体现有关人员在相应权限内完成填报、审核、审批等责任要求，通过系统既能完成外购动力费用用量抄录、统计和归集与分配工作，也能完成支付申请和支付手续。基于流程及业务内容，该业务涉及的表单主要有×××耗用清单、外购动力用量统计表、外购动力费用分配表。同时，按会计核算和管理者对费用信息的要求，应设计反映外购动力费用核算时所需要的会计科目、级次和对应的账户名称、级次和格式，如制造费用、管理费用、销售费用、财务费用等会计科目及按部门和费用名称设计的明细科目，及其对应账户账页格式；按管理者及有关部门对外购动力费用进行控制的要求，应设计外购动力费用消耗分析表，可以为月份分析表，也可以是部门费用分析表等。

（二）表单样式

本书提供了×××耗用清单、外购动力费用统计表、外购动力费用分配表三个表单样式，具体参见表3-7~表3-9。其他表单提供了各表单的基本要素。

1. ×××耗用清单样式

×××耗用清单如表3-7所示。

表 3-7 ×××耗用清单

单位：元

使用单位	用途	计量单位	耗用量	单价	金额

动力部门负责人：　　　　　抄表：　　　　　审核：　　　　　填制：

2. 外购动力费用统计表样式

外购动力费用统计表如表3-8所示。

表 3-8 外购动力费用统计表

项目	1	2	3	4	5	6	7	8	9	10	11	12
水费												
电费												
……												

续表

项目	1	2	3	4	5	6	7	8	9	10	11	12
产量												
单位产量动力费用												

审核：　　　　　　　　　　　　　　　　　　　　　　　　　制表：

3. 外购动力费用分配表样式

外购动力费用分配表如表3-9所示。

表3-9　外购动力费用分配表

单位：元

应借账户	成本项目费用要素	直接计入	分配计入			合计
			分配标准	分配率	金额	
合计						

财务主管：　　　　　　　　　　审核：　　　　　　　　　　填制：

4. 外购动力费用消耗分析表基本要素

外购动力费用消耗分析表的基本要素包括：年月、部门、动力类别、名称；预测量、预算单价、预算金额；实际消耗量、实际单价、实际金额；差异量、差异额，评价结果。

 边学边练

训练任务：设计白鸽有限责任公司"日生产消耗用量表"。

要求：表内至少应有以下要素：表名、日期、所耗材料名称、产品名称、实际消耗量、标准用量、制表、审核等。

任务五

其他费用业务流程及内容设计

一、其他费用业务的主要风险

在生产经营业务活动过程中，企业除发生与产品生产有关的一系列耗费外，还有各部门发生的如办公费、差旅费、业务招待费、保险费、劳动保护费、固定资产修理费、利息费、广告费、运输费等。为便于成本费用核算和成本费用管控，会计人员实际处理这些费用时，根据费用发生的地点和用途，以费用名称分别记入有关成本费用账户之中，或者以其他费用综合记入有关成本费用账户。另外，因其他费用的发生与货币资金支付直接相关，所以在会计上其他费用业务又被称为费用报销业务。基于企业会计准则关于其他费用核算的有关规定和企业内部控制制度关于费用控制方面的规定，其他费用业务处理中可能存在以下几个方面的风险。

（1）岗位分工和授权批准制度不明确，审核控制存在疏漏，成本费用难以控制，可能导致货币资产的损失；

（2）有关费用发生时取得或填制的票据不规范，或缺少费用发生应附的合同文件、费用清单和其他证明材料，难以发挥预算控制的作用，使预算形同虚设；

（3）各部门不能按制度要求及时办理报销手续，会计信息滞后；

（4）费用单据不符合企业财务制度规定，可能导致企业公款私用、贪污腐败以及税收风险。

二、其他费用业务提供的信息

其他费用业务提供的信息如下：

（1）时间费用明细；

（2）部门费用明细；

（3）费用类别明细；

（4）各费用对成本费用变动的影响；

（5）费用预算执行情况。

在设计其他费用业务流程与内容时，应该能够通过流程的运行，为企业内部管理提供以上信息。

三、其他费用业务流程与内容的设计

因为其他费用业务处理存在合规性风险和经营性风险，其他费用业务流程及内容设计，应基于该业务涉及的事项特点，结合控制风险，防止铺张浪费、侵占企业财产，形成节约的良好风尚内部控制要求，以及在提高费用报销的工作效率的基础上，能为管理层提供多维度的费用信息来进行。其他费用业务流程及内容设计不仅应明确这一业务处理中所涉及的岗位、职责和权限，而且应明确管理所需要的预算编制、报销申请、审核、审批，以及支付申请、审批等环节与内容，并按流程完成各项费用支出原始凭证的填写、审核、审批等操作；自动生成记账凭证，完成费用核算和支付业务核算；最终根据核算结果，支持查询，并生成管理所需要的各类报

表或报告，以此控制费用实际发生和调节预算执行进度等。

基于上述思路，其他费用报销业务流程及内容如图 3-7 所示。

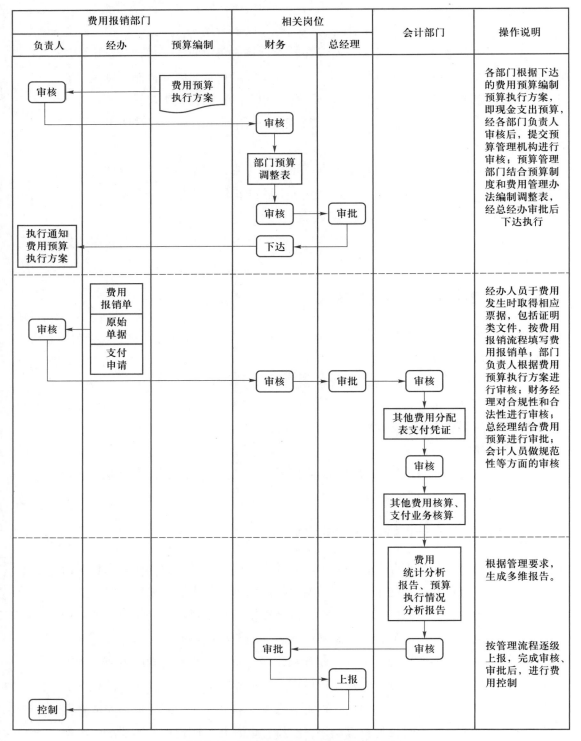

图 3-7 其他费用报销业务流程及内容

四、表单设计

（一）设计思路

为完成其他费用报销业务，以及由此引起的货币资金支付业务，结合企业内部控制制度和管理对其他费用控制要求设计相应表单。各表单要素设计既要体现"事前有申请、事中有控制、事后有分析"的控制要求，又体现有关人员在相应权限内完成填报、审核、审批等责任要求，并能通过系统分类汇总项目费用，显示项目费用预算状态，选择项目费用归属，显示项目费用的实际使用情况等。基于流程业务内容，结合预算控制要求，该业务涉及的表单除用来证明费用发生和支付情况的单据，如项目费用使用申请单、项目费用支出报销单、差旅费报销单、×××费用分配表、支付申请审批表外，还有关于费用实际使用情况表。按会计核算和管理者对费用信息的要求，应设计反映费用发生的会计科目、级次和对应的账户名称、级次和格式，如制造费用、管理费用、销售费用、财务费用等会计科目及按部门和费用名称设计的明细科目，及其对应账户账页格式；按管理者及有关部门对其他费用进行控制的要求，应设计各类费用分析报表，如月份费用报表、部门费用报表、费用结构分析表、费用对成本费用的影响分析报告以及费用预算执行情况的分析报告。

（二）表单样式

本书提供了费用使用申请单、费用支出报销单、差旅费报销单三个表单样式，具体参见表 3-10~ 表 3-12 所示，其他表单提供了相应的基本要素。

1. ×××费用使用申请单样式

×××费用使用申请单如表 3-10 所示。

2. 费用支出报销单样式

费用支出报销单如表 3-11 所示。

3. 差旅费报销单样式

差旅费报销单如表 3-12 所示。

4. ×××费用分配表基本要素

×××费用分配表的基本要素包括：日期，成本费用中心，费用分配标准、费用率、分配金额、合计，编制，审核。

5. 支付申请审批表基本要素

支付申请审批表的基本要素包括：付款项目名称、付款类型、经办人、经办人所属部门；收款单位名称、纳税人识别号、开户银行及地址、开户行行号、银行账号；付款金额、付款发票信息；预算进度；填报日期；审核、审批。

项目三　生产业务流程与内容设计

表 3-10　×××费用使用申请单

申请标题				
申请编号			申请部门	
申请额度	小写：		人民币（大写）：	
项目期限	起： 止：		申请原由	
项目承办			申请经办	
申请部门负责人 或项目负责人	审核说明： 签字： 日期：			
财务负责人	审核说明： 签字： 日期：	企业负责人		审批： 签字： 日期：
填单人			填单日期	

填表说明：

（1）申请标题：根据其他费用预算选择填报；

（2）申请编号：自动生成；

（3）申请部门：承办与费用发生相关事项的部门名称；

（4）申请额度：按预算执行方案填列，人民币大写：自动生成；

（5）项目期限：选择填列项目发生的起止日期；

（6）申请原由：写明项目发生解决什么问题、项目是否为预算安排；

（7）项目承办：完成该项目的有关人员；

（8）申请部门负责人或项目负责人：申请部门负责人或项目负责人审核后，签字；

（9）财务负责人：按财务制度和预算审核签字；

（10）企业负责人：按预算控制额度审批签字。

（11）填单人与填单日期：按实际情况填报即可。

表 3-11　费用支出报销单

费用名称		费用成本中心		申请编号		
费用金额	小写：			人民币（大写）：		
费用明细	序号	名称		金额	单据张数	备注
	合计	人民币（大写）				
预算执行	□相符		□超支		□节约	
申请部门负责人 或项目负责人	审核说明：				签字： 日期：	
财务负责人	审核说明： 　　　　签字： 　　　　日期：		企业负责人	审批： 　　　　签字： 　　　　日期：		
填单人			填单日期			

填表说明：

（1）费用名称：根据费用分类填写（财务部门提供）；

（2）费用成本中心：按预算考核要求，填写费用应归属的部门名称；

（3）申请编号：根据申请填列，与申请单一致；

（4）费用金额：根据费用明细自动生成；

（5）费用明细：根据项目完成中取得的相应单据填写；

（6）预算执行：对照预算方案在□内打"√"；

（7）申请部门负责人或项目负责人：申请部门负责人或项目负责人结合项目进度及完成情况作出审核说明后签字；

（8）财务负责人：按财务制度及费用控制标准作出审核说明后签字；

（9）企业负责人：按费用控制制度与预算制度作出审批后签字；

（10）填单人与填单日期：按实际情况填报即可。

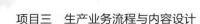

表 3-12　差旅费报销单

报销人基本信息	姓名		工号	所属部门	事由		费用归属期间		
申请单号					费用关联事项				
费用明细	费用名称	相关信息			金额	税额	单据张数	备注	
	车船费	去程　　至							
		返程　　至							
	住宿费	日期　　至							
		天数　共　　天							
	其他费用								
	住宿补助	标准　　天数							
	交通补助	标准　　天数							
	价税合计	人民币（大写）							
借款信息	借款单号			借款金额	人民币（大写）			¥:	
报销金额	冲抵额¥:			□退／□补／□报		¥:			
报销人户名		开户银行			账号			金额	
报销人所在部门负责人	审核：　　签字：　　日期：			审核会计		审核：　　签字：　　日期：			
财务负责人	核准金额：　　签字：　　日期：			企业负责人		审批：　　签字：　　日期：			
填单人				填单日期					

填表说明：

（1）事由：与申请单填写内容一致；

（2）费用归属期间：一般填写办理报销业务所属年月；

（3）申请单号：填写出差时所填列的申请单号；

（4）费用关联事项：填写预算项目（如差旅费）及预算性质（刚性预算）；

（5）费用明细中备注：车船费填写乘坐工具，住宿费填写所在城市与发票类型，其他费用填写发票类型；

（6）费用明细中其他费用的相关信息填写按规定可报销的费用，如邮寄费、订票费、退票费等；

（7）报销金额：根据借款情况填写冲抵额，自动生成退／补／报金额；

（8）报销人所在部门负责人：根据项目进度及预算完成情况作出审核说明后签字；

（9）审核会计：按差旅费报销制度，对报销单及附件作出审核说明后签字；

（10）财务负责人：按差旅费报销制度，按预算控制制度要求进行审核，核准实报金额后签字。

6. 费用结构分析表基本要素

费用结构分析表的基本要素包括：年月；费用名称、预算数、实际数，费用合计，各费用占总费用比重，绝对差、比重差，分析结果。

🔍 大赛直通车

基本情况：白鸽有限责任公司是一家生产经营服装的加工企业。根据公司章程和内部控制要求，构建了涵盖日常费用、项目费用、订单费用等在内的费用管控系统。按管控制度要求，所有费用报销时，均按如下流程进行。

经办人在系统内填写报销申请→费用专员初审→业务领导审批或会审→财务审核→申请结束。

系统上传审核后的报销申请→经办人员打印报销封面并粘贴报销所需的原始凭证→费用专员初审单据，并归档→上传扫描单据→业务领导审批或会审→财务审核并进行账务处理→出纳付款→归档→财务抽样复核→报销结束。

任务要求：

（1）简要描述白鸽有限责任公司在费用报销流程设计中的内部控制方法有哪些。

（2）按该流程设计，请指出费用报销时需要哪些基础信息（经办人员信息、费用专员信息、业务领导信息、财务审核等人员基础信息；费用类型、费用标准、费用预算等控制类信息；申请、与之关联信息，如预算、标准等以及费用使用与控制结果类信息）。

（3）请以办公室费用办理日常费用报销申请（见表3-13）为例，在系统内完成以下操作：

第一步：在基本信息框内填写日常费用报销申请；

第二步：单击主题，完成选择；

第三步：在实际填报人栏填写经办人姓名（马红伟）；在填报人部门栏内填写所在部门名称；选择填单日期（2023年5月15日）。

第四步：单击实际申请人及申请人部门，并完成选择；填写实际申请人联系方式（17825694842）。

第五步：单击费用归属部门、归属日期（所属月份）。

第六步：填写申请理由，并上传有关文件（费用发票、粘贴单、物品清单、入库单、出库单等）。

第七步：查询并单击该费用预算额度。

第八步：填写本次申请金额（2 000元）。

第九步：查询已使用额度（1 000元），生成已占用额度和尚可用额度，完成预算控制（10 000元）。

第十步：查看。

表 3-13 ＿＿＿＿部门＿＿＿＿费用报销申请单

年　　　月　　　日

＿＿＿＿＿＿费用报销申请单					
基本信息					
主题	日常费用报销申请				▼
填报人	填报人部门			申请单号	
实际申请人 ▼	申请人部门	▼		填单日期	
费用归属	成本中心	▼		联系电话	
申请事由					
附件					添加附件
费用情况					
序号	费用类型	发生日期	结束日期	费用内容	申请金额	预算控制
						▼

任务六

产品成本计算和期间费用结转流程及内容设计

一、产品成本计算和期间费用结转流程及内容设计的基本思路

　　企业在生产产品的经营活动中发生的直接材料、直接人工、其他费用已按照费用的发生地点和用途归集到生产成本、制造费用、管理费用、销售费用和财务费用等有关账户的相应成本费用项目。其中，记入制造费用的有关费用，于计算产品成本时，按一定标准和方法分配记入各产品成本明细账的制造费用项目，然后再根据月末在产品数量特征，选择一定方法计算月末在产品成本，进而计算完工产品总成本和单位成本。另外，按企业会计准则要求，记入期间费用账户的其他费用，应结转至当期损益账户。基于此，设计产品成本计算流程与内容时，首先要明确制造费用的分配规则，能完成制造费用分配标准、分配方法的选择，编制制造费用分配表，自动生成制造费用分配的记账凭证，自动记入各产品生产成本明细账的制造费用项目等操作；其次，明确案例企业的生产类型特点和成本管理要求，能选择一定方法，计算完成生产费用在完工产品和在产品之间的分配，完成月末在产品成本的基础上，自动计算完工产品成本和单位成本，并能完成完工产品成本结转等操作。

对期间费用结转业务的流程设计，首先能完成期末应记入各期间账户分类归集，在此基础上，能根据各期间费用账户自动生成结转损益类账户的记账凭证，完成月末结转至本年利润账户的操作。另外，从产品成本和期间费用管理角度，流程设计应能完成产品成本报表、各期间费用明细表和成本费用分析报告等报表的编制或自动生成等各项操作。

基于上述思路，产品成本计算与期间费用结转流程及内容如图 3-8 所示。

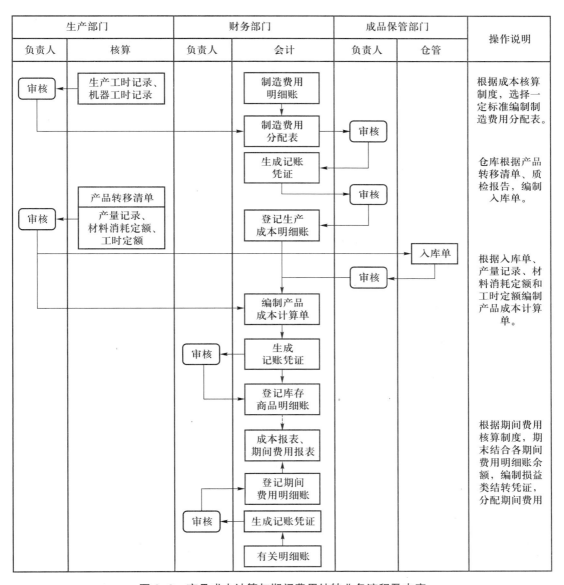

图 3-8 产品成本计算与期间费用结转业务流程及内容

二、表单设计

（一）设计思路

在完成产品成本计算和期间费用核算各环节任务时，应结合企业内部控制制度和管理控制要求设计相应表单。各表单格式与要素设计既要体现"各部门、各岗位"间的配合，又要体现有关人员在相应权限内完成填制、审核相分离的控制要求，并能通过系统汇总制造成本和期间费用实际情况。基于该业务流程及流程中的工作内容，结合成本控制要求，该业务涉及的表单主要有以下两类。

（1）工时记录表，产量记录表，材料消耗定额表，工时定额表，产品移送清单，质检报告，产品入库单，制造费用分配表，产品成本计算单；

（2）产品成本汇总表，成本费用分析表（或成本分析表、期间费用分析表）。

另外，按会计核算和管理者对成本费用信息的要求，应设计库存商品会计科目及级次，以及对应的明细账、级次和账页格式。

（二）表单样式

本书仅提供制造费用分配表、产品（物料）转移清单、产品入库单三个表单样式，具体参见表 3-14~ 表 3-16 所示，其他表提供了各表单中的基本要素。

1. 制造费用分配表样式

制造费用分配表如表 3-14 所示。

表 3-14　制造费用分配表

年　　月　　日　　　　　　　　　　　　　　　　编号：

成本费用中心	产品名称	标准设置	标准计量	分配标准	分配率	金额
小计						
合计						

审核：　　　　　　　　　　　　　　　　　　　　　　　　　　　编制：

填表说明：

（1）编号：按月生成；

（2）成本费用中心：生产单位或车间名称；

（3）标准设置：根据基础数据填写生产工时、机器工时、生产工人工资等；

（4）标准计量：填写小时、元等；

（5）分配标准：直接填写各产品统计生产工时、机器工时或生产工人工资数；

（6）分配率：根据金额小计与分配标准小计计算，自动生成；

（7）金额：自动生成；

（8）编制：会计人员审核后签字；

（9）审核：审核会计审核后签字。

2. 产品（物料）转移清单样式

产品（物料）转移清单如表3-15所示。

表3-15　产品（物料）转移清单

编号：

生产单号	物料编号	物料名称	计量单位	转出工序	转入工序	加工数量	检验数量	合格数量	拒绝数量	报废数量	工时记录	备注

审核：　　　　　　　　　　　　　　　　　　　　　　　　制单：

3. 产品入库单样式

产品入库单如表3-16所示。

表3-16　产品入库单

单据号			单据日期			业务类型		
仓库				交库部门				
业务员				仓管员				
报检数量			检验数量			检验方式		
合格数量			不合格数量			合格率%		
检验标准			结果描述			检验结果		
是否需要复检						质检单号		
编号	名称	规格	型号	生产单号	计量单位	交库	实收	单位成本	金额

审核日期：　　　　　　审核：　　　　　　制单日期：　　　　　　制单：

填表说明：

（1）单据号：产品（物料）转移清单编号；

（2）单据日期：单据填写日期；

（3）业务类型：填写入库业务代码，生成业务类型名称如产品入库；

（4）仓库：仓库编号，生成仓库名称；

（5）交库部门：交库部门编号，生成交库部门名称；

（6）业务员和仓管员：编号及姓名；

（7）编号：产品编码；

（8）制单日期、审核日期与单据日期相同。

4. 成本费用分析表基本要素

（1）表头：年、月、日，产品名称、规格型号，最低产量；

（2）表内项目：①制造成本。原料及主要材料（名称、规格型号、数量单价、金额）、辅助材料、周转材料、修理用备件，直接人工、制造费用；②期间费用。管理费用、销售费用、财务费用；③合计。

（3）责任：审核、制表。

 边学边练

训练任务：设计白鸽有限责任公司的产品返修记录单。

要求：单内至少应有以下要素：名称、日期、生产编号、产品名称（规格型号）、返修原因等信息，返修人员、返修时间（开工、完工、工时）、材料消耗统计、返修负责人，检查信息（质检、技术、车间、仓库）等。

“岗课赛证”融通训练 ▶▶▶

一、单项选择题

1. 按成本性态，成本费用可分为（　　　）。

A. 变动成本和固定成本　　　　　　B. 直接成本和间接成本

C. 生产成本和非生产成本　　　　　D. 变动制造费用和固定制造费用

2. 按材料消耗流程，领料申请单必须经由的审核人员是（　　　）。

A. 生产车间负责人　　　　　　　　B. 仓库管理员

C. 财务部门负责人　　　　　　　　D. 生产副经理

3. 下列选项中属于表单设计时应考虑的要求是（　　　）。

A. 事前有申请、审核、审批

B. 事中有控制

C. 事后有分析

D. 事前有申请、审核、审批，事中有控制和事后有分析

4. 领用材料申请单下方，除填制人应签字外，还应签字的是（　　　）。

A. 车间负责人　　　　　　　　　　B. 财务人员

C. 仓库管理员　　　　　　　　　　D. 生产副经理

5. 为对员工进行工作纪律考核，通常在工资计算表等表单中设计（　　　）。

A. 工号　　　　　　　　　　　　　B. 序号

C. “全勤奖”“缺勤”栏　　　　　　D. 姓名

6. 下列属于动力使用部门应完成的工作是（　　　）。

A. 抄录动力用量参数，编制用量清单　　B. 编制动力用量统计表

C. 编制外购动力分配表　　　　　　　　D. 进行外购动力费用核算

7. 下列不属于外购动力耗用清单中签字的是（　　　　）。

A. 动力部门负责人　　　　　　　　　　B. 抄表

C. 填制与审核　　　　　　　　　　　　D. 财务主管

8. 因工废、料废等事项形成的废料，或盘存过程中形成的盘盈物料，需要按相应物料管理制度采取具体的手段，经现场计量、确认后，填写（　　　　）。

A. 退料申请单　　　　　　　　　　　　B. 请验单

C. A 和 B　　　　　　　　　　　　　　D. 销售单

二、多项选择题

1. 下列选项中，属于生产计划与生产进度缺陷表现的可能有（　　　　）。

A. 不按销售计划及时调整生产计划　　　B. 不标记生产时间

C. 产品生产混乱，产销不协调　　　　　D. 生产、库存的管理成本上升

2. 下列选项中，在进行人工费用管控中可能存在的风险有（　　　　）。

A. 对人工费用核算的范围、内容理解有误，处理不符合企业会计准则要求，导致人工成本核算有误

B. 人工费用标准（预算）不先进或不合理，无法发挥前馈控制作用，可能导致人工成本失控

C. 法律意识淡薄，违反工薪、保险、福利等法律法规或合同约定，产生劳动争议及法律诉讼，或受到处罚，从而给企业带来损失

D. 人工费用核算处理符合企业会计准则要求，有先进合理的标准，能遵守会计法律法规

3. 在成本核算流程中，下列属于生产部门编制的单据有（　　　　）。

A. 领料单　　　　　　　　　　　　　　B. 产量记录表

C. 工时记录表　　　　　　　　　　　　D. 各部门水电费消耗记录表

4. 在生产成本核算业务中，涉及的部门有（　　　　）。

A. 业务部门　　　　　　　　　　　　　B. 会计部门

C. 质检部门　　　　　　　　　　　　　D. 仓库管理部门

5. 下列属于材料消耗过程中主要风险的有（　　　　）。

A. 不按生产进度申请与审核所需材料

B. 不按流程与标准使用材料

C. 不按手续及时办理退库手续

D. 按生产流程和生产任务等提出申请，并按标准使用

6. 下列属于材料消耗业务应提供的信息有（　　　　　）。

A. 实际消耗量　　　　　　　　　　　B. 退补料次数

C. 材料费用用量差异　　　　　　　　D. 材料费用价格差异

7. 下列属于退料申请单基本要素的有（　　　　　）。

A. 编号　　　　　　　　　　　　　　B. 年月日

C. 退料单位（部门）　　　　　　　　D. 领料单号

8. 在人工费用核算与管控中，流程中除可提供实际产量下的生产工时、工时标准或工时定额、员工出缺勤记录等信息外，还有（　　　　　）。

A. 实际人工费用　　　　　　　　　　B. 人工费用效率差

C. 人工费用工资率差　　　　　　　　D. 绩效工资信息及绩效考评结果

9. 为核算人工费用，各部门应编制与审核的单据有（　　　　　）。

A. 考勤记录表　　B. 考勤汇总表　　C. 工时统计表　　D. 产量记录单

10. 为进行人工费用控制，通常应设计的表单有（　　　　　）。

A. 人工费用统计表　　　　　　　　　B. 人工费用核算情况分析表

C. 人工费用控制报告　　　　　　　　D. 材料盘存单

三、判断题

1. 成本核算与控制只需要通过建立健全成本核算与控制的各项制度即可，无须考虑业财融合的企业文化。（　　　）

2. 按不相容岗位相分离和授权审批原则要求，销售人员负责编制与审核销售计划。（　　　）

3. 采购人员在编制采购计划时，不需要考虑生产计划，也不需要考虑现有库存、在途、安全库存等因素。（　　　）

4. 质检人员应按质检标准和企业质量检验制度对采购物资进行质量检验，并出具质检报告。（　　　）

5. 车间之间进行物料转移时，不需要办理移交手续。（　　　）

6. 财务部门进行成本核算时不需要收集质检报告。（　　　）

7. 生产成本控制就是对生产过程中发生的成本费用通过制订相应的措施加以管理。（　　　）

8. 通常情况下，每月结束后，财务部门应出具生产成本控制分析报告，并将其直接传递给生产部门。（　　　）

项目四
销售业务流程与内容设计

4

学习目标 ▶▶▶

知识目标
1. 了解销售业务流程及内容的设计理念和思路
2. 了解销售业务各环节存在的风险
3. 明晰销售业务各环节经营管理决策的信息需求
4. 明确客户信用管理的重要性
5. 掌握现销和赊销接受订单业务、发货业务以及收款业务业财一体化的设计方法

能力目标
1. 能够针对具体企业，分别现销和赊销，设计个性化的销售业务流程
2. 能够设计基本的销售业务表单

素养目标
1. 激发社会责任感——通过销售业务流程的优化，促使企业提供物美、质优、价廉的商品，服务大众，履行企业使命，担当社会责任
2. 增强法律意识——通过销售业务业财一体化设计，消除收款漏洞，增强法律意识，杜绝利用职务之便挪用公款、以身试法
3. 加强风险意识——将客户信用管理贯穿流程设计的始终，加强风险意识，细致谨慎，保证资金及时回笼，防止企业损失
4. 培养大数据思维——依托企业充分的业财一体化信息，进行销售业务决策训练，培养大数据思维

思维导图 >>>

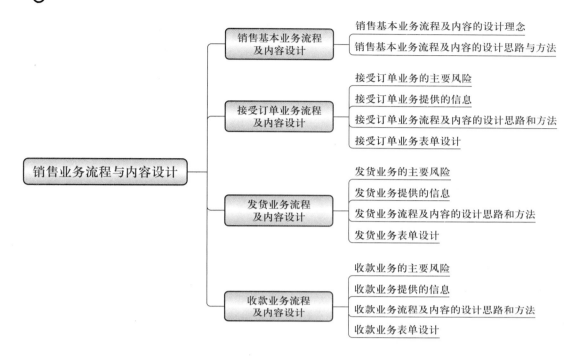

销售业务流程与内容设计

- 销售基本业务流程及内容设计
  - 销售基本业务流程及内容的设计理念
  - 销售基本业务流程及内容的设计思路与方法
- 接受订单业务流程及内容设计
  - 接受订单业务的主要风险
  - 接受订单业务提供的信息
  - 接受订单业务流程及内容的设计思路和方法
  - 接受订单业务表单设计
- 发货业务流程及内容设计
  - 发货业务的主要风险
  - 发货业务提供的信息
  - 发货业务流程及内容的设计思路和方法
  - 发货业务表单设计
- 收款业务流程及内容设计
  - 收款业务的主要风险
  - 收款业务提供的信息
  - 收款业务流程及内容的设计思路和方法
  - 收款业务表单设计

德技并修 >>>

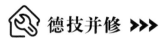

销售流程缺陷是如何导致企业损失的？

某公司的最高权力机构是股东大会，执行机构是董事会，设有职工代表大会、各职能部门及分公司等。

其销售业务活动规定如下：

（1）办理销售、发货、收款三项业务的部门分别设立；

（2）考虑到销售部门比较熟悉客户情况，也便于销售部进行业务谈判，确定授权销售部兼任信用管理机构；

（3）对大额销售业务，销售部可自主定价、签署销售合同；

（4）为逃避银行对公司资金流动的监控，该公司在销售业务中尽可能利用各种机会由业务员向客户收取现金，然后交财务部存放在专门的账户上。

某月销售业务员甲联系到一个大客户，完成了300万元的销售任务，并将款项交财务部入账。次月，该业务员谎称对方要求退货，并自行从其他公司低价购入同类商品同时要求仓储部门验收入库。虽然仓储部门发现商品商标都丢失了，但未进行进一步查验，直接办理了各项手续（但没有出具质检报告）。财务部将退货款项转入业务员提供的银行账号。

【思考与启示】

（1）该公司设计的"销售业务流程与内容"存在问题。销售业务涉及的主要部门、人员的权限、责任划分违背不相容职务分离、授权审批、会计控制等企业内部控制的要求，所以，不能充分规避风险，发生重大差错、舞弊、欺诈而使企业导致损失是必然的。

（2）遵守国家法律、制度是组织、个人行为的不二法则，必须深化对法律意识、规则意识、底线意识的认知。

（3）积极履行社会责任，注重整体利益，培养团队精神。

任务一 销售基本业务流程及内容设计

一、销售基本业务流程及内容的设计理念

销售活动介绍

（一）基于销售业务风险，加强内部控制，设计销售基本业务流程

销售业务是指企业出售商品（或提供劳务）及收取款项等相关活动，过程较为复杂，它不仅仅是将商品移交给客户，更重要的是只有款项的收回，才能实现销售的最终目标。但在现实交易中，销售不能稳定增长或者货款不能足额、及时收回的现象大量存在，销售活动蕴藏着巨大的经营风险和财务风险，需要通过设计合理的销售业务流程及内容来规避风险，加强内部控制。具体讲，销售业务的主要风险表现在以下几方面。

（1）销售程序、制度不够清晰规范，销售未经适当审批或超越权限审批，可能因重大差错、舞弊、欺诈而导致损失。

（2）销售行为不符合国家有关法律、法规和企业内部规章制度的规定，可能遭受外部处罚、经济损失和信誉损失。

（3）销售政策和策略不当，市场预测不准，销售渠道管理不当等，可能导致销售不畅、库存积压、市场竞争力下降、经营难以为继。

（4）客户信用管理不到位，结算方式选择不当，账款回收不力等，可能导致销售款项不能收回或遭受欺诈。

（5）销售过程中销售人员的舞弊行为，比如截留或隐匿应收款、与经销商合伙蒙骗公司、自主调整产品价格等，导致企业利益受损。

（6）虚增或截留销售收入、多记或少记应收账款、坏账准备的计提和冲销不准确等，导致财务数据失真。

所以，在设计销售基本业务流程及内容时：

（1）应设置专门的职能部门负责公司的商品销售，制订制度明确相关部门和人员的职责权限、销售业务各环节的授权批准程序。

销售业务涉及的主要部门包括预算和计划部门、销售部门、仓库保管部门、物流部门和财务部门，通过流程设计，明确、清晰地划分各部门的权限和责任，责、权、利相匹配，确保按时足额收取货款。

（2）通过流程的设计，将涉及的不相容岗位进行分离。

（3）通过流程的设计，规范接受订单、发货、收款等程序，明确各环节的具体权限和职责以及具体的负责人，将各自的责任落实到人、落实到位。

（二）基于企业决策需要，设计销售基本业务流程

企业需要结合为内部经营决策、管理决策提供信息的要求，设计销售业务流程及内容。一般来讲，通过销售业务过程和结果，应该为企业内部决策提供如下信息。

（1）流程的设计是否遵循了销售的自然逻辑顺序。

（2）是否存在不必要的信息传递、重复性的审核活动和审批过程，使销售流程太过繁琐，违背了成本效益原则；或者是相反，销售基本业务流程太过简单，缺乏必要的监督环节，不能对商品销售进行全过程、全方位的监督。

（3）销售预算的执行情况。

（4）销售业务是否合法有效。

（5）商品价格情况，尤其是波动较大的价格情况。

（6）销售合同的履行情况。

（7）不同品牌产品的销售情况、价值贡献以及未来业务市场需要关注的重点。

（8）客户信息，包括核心客户、重点客户、一般客户和潜在客户。

（9）货款收取情况、长期欠款情况、坏账情况。

（10）销售业务绩效考核资料。

在设计销售基本业务流程及内容时，应该能够通过流程的运行，获得以上信息。

二、销售基本业务流程及内容的设计思路与方法

销售的基本业务流程包括3个核心环节：接受订单、发货和收款。首先，销售部门收取客户的购货订单并明确订货内容，按照授权审批制度的规定，由有关人员在权限范围内对订单内容进行核准。如果是赊销订单应交企业的信用管理部门，进行信用额度审核检查。如果客户信用、支付能力、企业自身的生产能力都没有问题，接受订单，否则不接受。接受订单后，应与客户进行谈判，签订销售合同。其

次，按照合同要求及时发货并开具发票。最后，根据发票进行款项结算或者制订催收应收账款的系列措施。销售管理应基于先进的 ERP 信息系统的支撑，将销售业务流程嵌入到信息系统中，在信息系统中完成销售业务的办理、审核、监管、审批等工作，实现销售管理过程的全程监管和可追溯，形成预算、接受订单、合同、发货、收款、客户服务及评价等一系列经济活动过程的闭环管理，同时，也为销售数据的统计、相关报表的填报提供详细、标准的数据支撑。基于大中型企业应用的 ERP 信息系统，销售基本业务流程及内容一般设计图如图 4-1 所示。

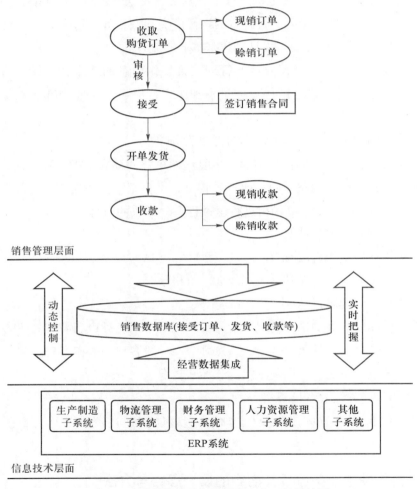

图 4-1 销售基本业务流程及内容一般设计图

任务二 接受订单业务流程及内容设计

一、接受订单业务的主要风险

客户提出的购货订单是企业销售的起点，从收到购货订单到决定接受订单，再到签订合同，这个过程蕴含着如下几个方面的风险。

（一）客户信用管理的风险

① 没有系统、合理的信用评估体系，缺乏合理的资信评估，销售部门随意对客户授信，可能受骗上当，造成赊销货款无法按时收回，或产生大量的坏账损失；② 对客户的资信没有建立信用档案、档案管理不健全、没有跟踪管理客户的资信变动情况，也会导致资信评估不合理，客户选择不当，在回收账款的问题上困难重重，或遭受欺诈，货钱两空。

（二）销售定价的风险

① 产品价格需要随着市场竞争状况和销售活动的开展而不断调整，所以，如果没有建立一个有效的价格调查和反应系统，未能结合市场供需状况、盈利测算等适时进行调整价格，不能保持一个适应市场变化的较为合理的售价，导致定价偏离实际，价格偏高或偏低，从而致使销售利润下降或销量减少；② 定价过程不规范，商品销售价格未经恰当审批，有关人员可能任意调价或者与客户串通舞弊，损害企业经济利益或者企业形象。

（三）签订合同的风险

① 合同内容存在重大疏漏或欺诈、未经授权或超越权限与客户订立合同，可能导致企业无法履行合同或者履行合同的成本太高，企业合法权益受到侵害；② 销售价格、收款期限等违背企业销售政策，以对企业不利的销售条件出售，可能导致企业经济利益受损。

（四）销售订单的风险

① 企业及其销售人员不了解市场规则及相关法规、规范，违法销售，可能导致公司遭受外部处罚、经济损失和信誉损失；② 订单内容和相关审批手续不齐全、计算不正确、订单内容随意修改，可能产生纠纷导致客户拒付货款，或者存在舞弊行为，给企业造成损失；③ 赊销订单未经信用部门批准，加大坏账损失的可能性。

二、接受订单业务提供的信息

接受订单业务提供的信息主要有以下几方面。

（一）赊销业务的核准情况

通过该信息，可以反映企业是否建立客户信用管理制度，是否能对客户的信用情况进行合理的评估，从而正确确定客户赊销限额和时限。

（二）销售价格

通过该信息，可以反映企业的销售定价政策，从而判断企业的定价是否随意。尤其是价格波动较大的产品，经过进一步调查与核实，寻找原因，加强销售定价的控制和管理。

（三）客户信息

通过收集、汇总企业的销售信息，可以获得客户如下信息：客户名称、统一社会信用代码、企业性质、办公地点、法人代表、在行业中的排名、信誉、规模、主营业务、与同一客户交易的次数、与客户接洽的销售人员、客户的购买情况等。通过这些信息，一是可以帮助企业实时掌控客户动态，对客户进行正确的评价，为客户信用管理提供依据，防范产生坏账的风险；二是可以为客户的划分提供依据，将客户分为核心客户、重点客户和一般客户；三是可以判断销售人员和客户是否存在利益交换以及商业贿赂等行为；四是可以总结出不同消费者的购买习惯，从而为企业的产品开发与推广、销售政策的制订等提供依据。

（四）销售合同信息

销售合同信息包括合同具体内容、合同签订的授权审批情况、赊销合同的审核情况等。通过这些信息可以判断合同内容是否全面、具体、明确，是否存在重大疏漏和欺诈；双方的权利、义务、违约责任是否明确，从而便于执行，避免不必要的纠纷；销售合同的签订和审批管理制度是否健全。

（五）销售预算的执行情况

通过该信息，可以反映出销售预算是否出现了偏差，偏差的数量和金额以及偏差产生的原因和责任归属，为之后的预算调整、销售政策的改进以及绩效评价提供依据。

（六）不同品牌产品的销售情况、价值贡献以及未来业务市场需要关注的重点

通过该信息，可以为企业确定目标市场、进行市场拓展以及构建营销渠道提供依据，为计算销售完成率、市场占有率等指标提供依据。

（七）关键绩效指标所需的资料

通过该信息，可以得到计算客户数量增长率、客户交易额增长率、老客户交易增长率、市场占有率、新产品客户接受率等指标的基础数据，使销售业务的绩效考核顺利进行。

（八）不相容职务分离信息

通过该信息，可以判断接受订单流程涉及的不相容岗位之间是否相互审核和管

理，是否防止了一个岗位控制多个环节的现象。

（九）接受订单相关环节的授权审批信息

接受订单环节的审批主要有销售合同的审批、销售订单的审核、赊销订单的信用审批，通过该信息可以反映出企业制订的授权审批制度是否完备、执行是否到位。

在设计接受订单业务流程及内容时，应该能够通过流程的运行，获得以上信息。

三、接受订单业务流程及内容的设计思路和方法

为了规避上述接受订单风险，加强内部控制，提供内部管理决策的信息，设计接受订单业务流程、明确流程中各环节的具体内容。其一般的设计思路和方法见图 4-2。

接受订单业务流程与内容设计

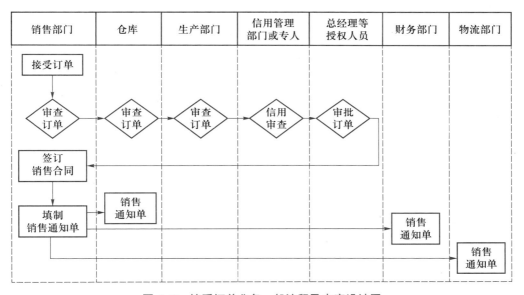

图 4-2　接受订单业务一般流程及内容设计图

下面对流程图中的内容进行说明。

（1）客户在咨询了产品、价格等信息后，发出购货订单（注意：此处的购货订单不是最后正式的购货订单，只表示合作意向），销售部门接收客户的购货订单。也可以是获得客户信息的销售人员根据客户的具体要求填写销售订单。订单包括现销订单和赊销订单。

（2）严格按照制度规定的授权和内容审查订单。订单内容包括商品的名称、规格、型号、数量、价格、质量等级、交货时间、交货方式等。

① 如果是现销订单，主要审查价格、产品要求、交货时间，根据企业的库存或

者自身的生产能力确定能否满足客户要求。就产品价格而言，如果未按规定的价格政策执行，应由制度规定的授权审批人员进行审核批准，即如果超过了销售人员的权限，应向主管人员等报批。如果存在商业折扣，审查是否符合享受折扣的条件。

② 如果是赊销订单，还需要由信用部门或专人进行信用审查，对客户的偿债能力、履约能力、授信程度进行量化管理，未经过信用审批的赊销订单不得执行。具体做法是：

首先，销售人员填写赊销申请单，信用管理部门或专人按照赊销政策调查分析客户的信用状况，对其进行资信评估。如果是老客户，应查询其以往的赊欠额度、至今尚欠的货款余额、客户的生产经营近况等资料并进行科学分析；如果是新客户，应调查其资信情况、财务状况以及行业口碑等，建立新客户的资信档案。

其次，与企业的信用标准进行比较，确定客户的信用等级，进而确定赊销额度、赊销期限。如果购货订单的赊销金额超过了赊销额度，需要按照企业授权送交财务部、总经理等有关部门和人员进行审批。

最后，作出是否给予信用并形成书面意见，送交信用部门负责人审批。

经过信用评定、信用部门负责人签字的赊销订单应送交销售部门负责人、总经理或其他被授权人员进行审批签字。赊销订单如果存在现金折扣，须审查现金折扣是否符合企业的折扣政策、折扣是否合理，即也需按照制度规定使用销售折扣价格策略。

（3）企业经过审核和信用审批，初步接受了订单，之后需要签订销售合同。

在销售合同签订之前，销售部门组织商务谈判，对销售价格、信用政策、发货及收款方式等具体事项进行最后确认，明确双方的权利、义务。依照企业规定的审批权限对合同草案进行审批，包括签约主体是否合格、合同条款是否明确等。之后授权销售部门负责人等与客户签订正式合同。对于重大的销售合同，应在财务、法律人员的参与下完成签订。签订合同之后，客户下达正式的订单，我方接受订单，并由销售部门负责人、总经理等审批。销售部门根据合同、订单填制销售（发货）通知单，经过销售部门负责人审核后，下达给仓库、物流和财务部门，严格按照销售合同组织销售。

在上述流程中，应注意不相容职务分离，包括接受订单与审核订单相分离、合同谈判与合同订立相分离、签订合同与核准合同相分离等。

（4）按照预算执行流程中的说明，销售部门应将销售预算与销售订单进行对比，分析实际销售与预算数之间是否存在差异以及差异数，编制预算分析报告，分析差异产生的原因和责任归属，制订控制差异的措施，如果属于需要调整预算的情况，提出调整预算的具体措施。

企业利用 ERP 信息系统，随时获得销售订单、生产节奏、物资库存量、采购数量、销售数量、预算执行数量、剩余销售任务或者超额完成销售任务等信息，各部门应及时进行沟通并发现问题，而且也有助于对销售活动进行专项评估。

🔧 大赛直通车

"接受订单业务流程设计"的操作步骤：

（1）首先在平台中完成"接受订单业务表单设计"，主要设计两张表单："销售合同"和"销售订单"。

（2）在平台中打开"新加流程"界面，输入流程名称：接受订单流程，见图4-3。

（3）单击"接受订单流程"名称，出现流程设计画布。画布中有诸如"开始""业务发起""业务操作""审批任务""开具发票""索取发票""生成凭证""审核凭证""结束"等流程符号，流程设计时使用这些流程符号，见图4-4。

图4-3　新加接受订单流程图

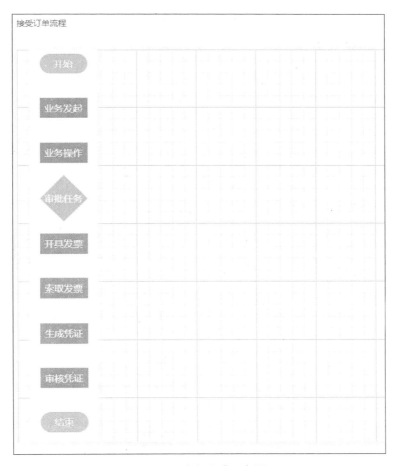

图4-4　流程设计画布图

117

（4）"接受订单流程"设计使用"开始任务""业务发起""审批任务""结束"4个流程符号。首先拖拽"开始"到画布上；然后进行"业务发起"的操作，对"任务属性"进行修改：任务名称——销售合同、发起人类型——指定角色、选择发起人——销售专员、选择表单——销售合同、询价报价——是。"接受订单业务发起"设计操作见图4-5。

（5）根据销售制度的规定，对销售合同进行审批，填写任务属性：任务名称——销售合同审批、处理方式——会签、执行人类型——指定角色、选择执行人——销售经理、财务经理和法务。"销售合同审批"设计操作图见图4-6。

图4-5　"接受订单业务发起"设计操作图

图4-6　"销售合同审批"设计操作图

（6）接下来是"客户下达订单、我方接受订单"。单击"销售合同审批"选择"业务操作"，填写任务属性：任务名称——接受订单、执行人类型——指定角色、选择执行人——销售专员、表单——产品销售订单。"接受订单"设计操作图见图4-7。

（7）根据企业授权审批制度规定，对销售订单进行审批。比如订单金额≤100 000元时，可以由销售经理审批；订单金额>100 000元时，还需要由总经理进行审批等。所以，对"销售订单"设置对应的审批节点，可以依次为：销售经理、总经理等审批。每一次审批都需要对任务属性进行设置。

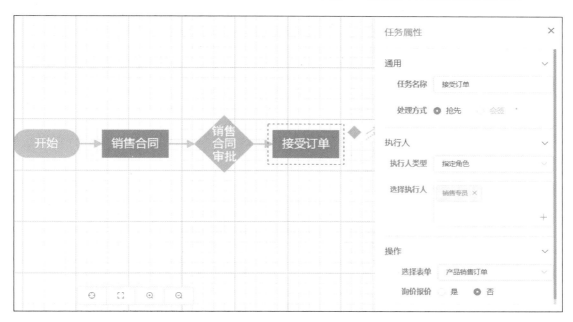

图 4-7　"接受订单"设计操作图

（8）销售订单审批结束之后，单击"结束"符号，在财务部备案。这里需要注意的是，还需进行条件的设置，即输入判断条件，明确这次审批的销售金额范围，比如销售金额总计≤ 100 000 元或者＞ 100 000 元等。"销售经理审批条件设置"设计操作图见图 4-8，"总经理审批条件设置"设计操作图见图 4-9。

（9）最后单击"保存流程"和"发布流程"。

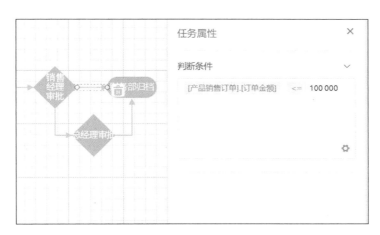

图 4-8　"销售经理审批条件设置"设计操作图

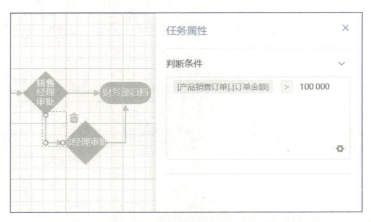

图 4-9　"总经理审批条件设置"设计操作图

 边学边练

训练资料：2023 年 7 月 10 日，华夏公司向北京市海淀区劳保用品中心赊销一批男式夹克 500 件，其中"XXL"100 件、"XL"200 件、"L"200 件，不含税单价为 350 元 / 件，增值税税率为 13%，赊销期限为 1 个月。

训练任务：结合销售业务内部控制及内部管理信息需求，绘制华夏公司销售男式夹克的接受订单业务流程。

要求：① 华夏公司在财务部设专人进行客户信用管理，财务部部长对赊销进行审批；② 销售部部长、财务部部长与北京市海淀区劳保用品中心签订合同；③ 赊销订单由销售部部长、总经理审批；④ 销售通知单由销售人员填写，销售部部长审核。

四、接受订单业务表单设计

企业应设计客户信用动态档案、客户赊销额度和时限计算表、赊销申请表、产品销售合同、产品销售订单、产品销售通知单等与接受订单相关的表单，应用于接受订单业务流程中的相应节点，反映出接受订单过程中内部控制的关键点，反映出上述接受订单业务各环节应该提供的信息。下面主要说明产品销售订单、产品销售通知单的设计。

（一）设计思路

1. 产品销售订单

产品销售订单的设计主要体现销售何种产品、向谁销售、何时销售等信息。销售订单是根据销售合同生成的。所以，其设计内容包括：

（1）关联销售合同号；

（2）销售商品明细信息，包括商品名称、编号、规格型号、质量等级、单位、数量、价格和金额；

（3）订单日期、客户信息、交货日期、交货方式、交货地址等；

（4）本单据需要连续编号，应设计销售订单编号；

（5）制单人员和系列审批人员签字。

销售订单的制单人员设计为销售人员，审批人员则按照上述流程说明进行设计，包括销售部门负责人、信用部门负责人、财务部门负责人、总经理等授权审批人员。

2. 产品销售通知单

产品销售通知单是销售部门在确定销售订货成立，向仓库、物流部门发出的发货通知，以便仓库备料出库、物流部门组织运输，也方便物料的跟踪与查询。产品销售通知单是根据产品销售订单生成的。所以，其设计内容包括：

（1）关联产品销售订单号；

（2）商品名称、编号、规格型号、质量等级、单位、数量等；

（3）制单日期、发货日期、客户信息、交货地址、发货仓库；

（4）本单据需要连续编号，应设计单据编号；

（5）制单人即销售人员以及销售部门负责人的签字。

（二）设计样式

1. 产品销售订单样式

产品销售订单见表4-1。

表4-1　产品销售订单

订单编号：　　　　　　　　关联销售合同编号：　　　　　　　　日期：

客户名称									联系人					
电话/传真									联系手机					
客户地址														
序号	产品名称	编号	规格型号	单位	数量	不含税单价/元	不含税金额/元	税率/%	税额/元	总金额/元	赊销金额/元	交货方式	交货日期	交货地址	备注
合计/元：															
销售单位	名称					税务登记号									
	地址、电话					开户银行及账号									
备注：															

其他授权审批人员：　　　　　　　销售部门负责人：　　　　　　　销售人员：

边学边练

训练任务：结合销售业务内部控制及内部管理信息需求，设计并填写华夏公司2023 年 7 月 10 日向北京市海淀区劳保用品中心销售男式夹克的赊销订单。

要求：① 男式夹克的交货日期是 7 月 20 日，交货方式是一次交货、由供货方送货，交货地址是北京市海淀区万顺路 21 号；② 北京市海淀区劳保用品中心的地址是北京市海淀区万顺路 21 号，电话是 010-62152179，其他信息略。

2. 产品销售通知单样式

产品销售通知单见表 4-2。

表 4-2　产品销售通知单

单据编号：　　　　　　　　关联销售订单编号：　　　　　　　　日期：

客户名称				电话						
客户地址										
序号	产品名称	编号	规格型号	单位	数量	发货仓库	交货方式	发货日期	交货地址	备注
合计										

销售部门负责人：　　　　　　　　　　销售人员：

任务三 　发货业务流程及内容设计

一、发货业务的主要风险

发货是根据销售合同约定向客户提供商品的环节，是实现销售和履行合同的重要环节。该环节可能出现的风险包括：

（1）发货程序不规范，各项手续不齐全，在没有批准发货的情况下发出商品，或者货物的品种、质量、数量、发货的方式、时间、接货的地点等细节不符合合同约定，与客户订单不一致，可能出现发货时间延误或者其他结果，导致企业形象受损，或者引起客户投诉。

（2）货物运输过程管理不善，可能导致货物数量、质量的损失或丢失，造成企业资产损失，或者交货延迟，进而发生违约行为，承担违约责任。

企业应建立规范、严密的发货审核流程，以规避风险。

二、发货业务提供的信息

发货业务提供的信息如下：

（一）发货责任的落实情况

企业的仓库和物流部门是发货的主要责任者，通过该信息，一是可以判断在发货各环节是否贯彻了不相容职务分离原则；二是可以反映销售通知单在各部门的流转过程中是否经过严格的审查与复核；三是可以反映企业授权发货制度的制定及执行情况；四是可以反映企业的物流部门与仓库是否按要求交接；五是可以提供绩效考核资料。

（二）销售合同的履行情况

通过该信息可以反映出企业是否严格按照合同的规定发货，以便进一步提升客户的满意度。

（三）货物短缺、毁损、丢失的责任划分情况

企业应指定专人对货物短缺、毁损、丢失负责，以保证资产的安全完整。该信息反映了企业物流全程的管理监控是否完善。

在设计发货业务流程及内容时，应该能够通过流程的运行，获得以上信息。

三、发货业务流程及内容的设计思路和方法

发货业务流程与内容设计

为了规避上述发货风险，加强内部控制，提供内部管理决策的信息，设计发货业务流程、明确流程中各环节的具体内容。发货业务一般流程及内容设计图见图4-10。

下面对流程图中的内容进行说明。

（1）仓库对销售通知单进行审核，核实货物品种、数量、包装方式等。

（2）审核后，仓库以销售通知单作为授权依据，严格按照销售通知单所列的发货品种和规格、发货数量、发货时间、发货方式、接货地点组织发货或由客户提货，并填写连续编号的货物（产品）出库单，编制连续编号的发运凭证或以一联出库单作为发运凭证。

（3）选择合理的运输方式或者按照约定的运输方式，按照约定的时间发货，货物发出后，销售部门及时与客户沟通，确保货物安全发运。

如果企业有物流部门，由物流部门运输货物，否则，需要委托物流公司运输货物。如果是前者，仓库与物流部门沟通安排出货，物流部门根据销售通知单、发运

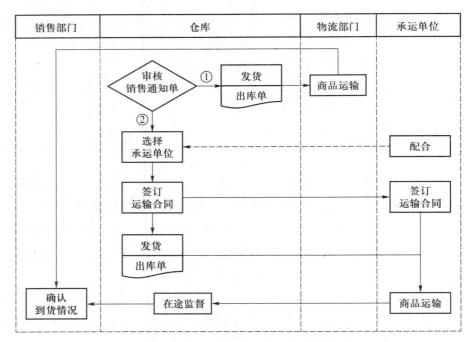

图 4-10 发货业务一般流程及内容设计图

凭证运输货物，确保发运的实物与单据核对相符。企业应加强对运输环节的责任、费用、风险等的控制，确保产品安全发运。如果是后者，应签订运输合同，明确运输方式、商品短缺、毁损或变质的责任、运输费用、保险等内容，向承运人取得相关运输凭证，并进行跟踪管理。

（4）货物发运后，仓库应登记实物台账、销售部门登记销售台账、财务部门及时编制记账凭证并登记账簿。

上述流程中，应贯彻不相容职务分离原则，销售通知单的编制人员不能同时执行货物提取、产品包装和托运工作；填写出库单与发货相分离；负责销售交易活动、发运货物、收款相分离；发货与开具发票相分离等。

利用 ERP 信息系统，企业的销售部门、仓储部门、物流部门协调一致，使销售通知单在各部门的流转过程中经过严格的审查与复核，务必与原始销售合同保持一致，并落实发货责任；各部门做好发货各环节的记录，完善物流全程的管理监控。

🔍 大赛直通车

发货业务流程设计思路图见图 4-11。

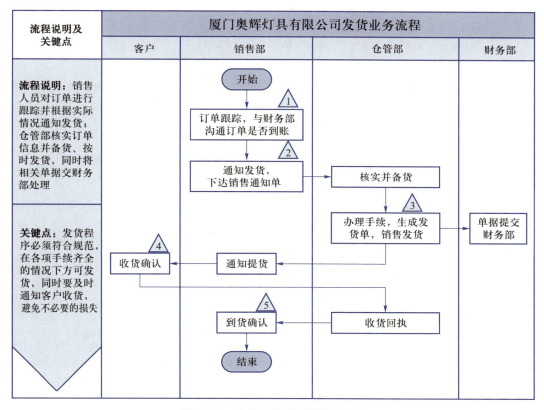

图 4-11 发货业务流程设计思路图

边学边练

训练资料：华夏公司于 2023 年 7 月 20 日向北京市海淀区劳保用品中心发出赊销的男式夹克 500 件。

训练任务：结合销售业务内部控制及内部管理信息需求，绘制华夏公司销售男式夹克的发货业务流程。

要求：① 以产成品仓库保管员填写的一联"出库单"作为发运凭证；② 委托好运物流公司运输男式夹克。

四、发货业务表单设计

（一）设计思路

企业应设计产品销售出库单，应用于发货业务流程中的相应节点。其内容应体现销售以及发运商品的详细情况，包括发出商品的属性、数量，出库依据、时间，发出仓库，运输方式、接收单位等，反映发货过程中内部控制的关键点，提供发货环节相应的经营管理信息。按会计核算和管理者对库存商品信息的要求，应设计反映发货业务的会计科目、级次和对应的账户名称、级次和格式，如库存商品等会计科目及按商品名称、仓库名称等设计相应级次的明细科目，及其对应账户账页格式。

产品出库的依据是销售通知单。其设计内容包括：

（1）关联的产品销售通知单号；

（2）销售商品明细信息，主要包括出库产品名称、编号、规格型号、单位和数量。

（3）发货日期、发货地址、发货仓库和发货方式。

（4）客户名称、地址、电话等基本信息，以及物流公司的基本信息。

（5）本单据需要连续编号，应设计单据编号。

（6）相关人员签字。经办人员即发货人员、仓库保管员需要在出库单上签字；相关的授权审批人员签字，通常有仓库部门负责人和销售部门负责人。

（二）设计样式

产品销售出库单如表4-3所示。

表4-3　产品销售出库单

单据编号：　　　　　　　　关联销售通知单号：　　　　　　　　出库日期：

客户名称					地址			电话	
物流公司									
产品名称	编号	规格型号	单位	应发数量	实发数量	发货仓库	发货地址	发货方式	备注

销售部门负责人：　　　　　仓库部门负责人：　　　　　仓库保管员：　　　　　经办人：

 边学边练

训练任务：结合销售业务内部控制及内部管理信息需求，设计并填写华夏公司销售男式夹克的产品销售出库单。

要求：① 出库日期为7月20日，发货地点为本单位；② 发货方式为委托第三方好运物流公司发货；③ 审批人员是产成品仓库的负责人和销售部部长。

任务四

收款业务流程及内容设计

一、收款业务的主要风险

收款是企业与客户的结算环节，亦是保障经济利益流入企业的重要环节。收款业务风险是指企业不能按约定及时收回货款而产生的货款被占用、损失等风险，收款风险是我国大多数企业面临的十分棘手的问题，主要包括：

（1）由于收款流程不严密、不相容岗位混淆职能导致企业员工舞弊。比如销售经理私吞货款、出纳或会计截留货款等。

（2）客户信用管理不到位，错误选择了赊销方式或者赊销额度，客户经营不善无力支付货款，甚至蓄意欺诈。

（3）对已发生的应收账款缺乏跟踪管理，逾期账款的催收未指定专人负责并制订相关的奖惩机制，账款催收不力，出现客户恶意拖欠和侵占货款或者无力支付货款等情况，导致某些欠款变成坏账、呆账。

（4）坏账冲销授权控制不严，使本来可收回的应收账款被作为坏账注销。

（5）缺乏有效的销售业务会计系统控制，导致企业账务混乱，影响销售收入、销售成本、应收款项等会计核算的真实性和可靠性。

二、收款业务提供的信息

收款业务提供的信息主要有以下几方面。

（一）发票的开具情况

通过该信息，可以反映企业的发票管理制度是否健全并严格执行。

（二）回款情况

通过该信息，一是可以反映购买方是否严格执行购销合同、是否按照合同规定履行付款义务；二是据此可进一步划分客户等级，为进一步提升客户的服务水平与服务能力提供较好的帮助；三是反映企业的收款管理是否严格；四是根据清收情况对销售部门和销售人员进行奖励、责任追究和处罚。

（三）应收账款的持续跟踪和监控

通过该信息，一方面可以反映出企业对应收账款的管理情况；另一方面可以根据跟踪和监控的结果，提出划分、调整客户信用等级的方案，极大地预防应收账款的安全风险。

（四）销售收入的确认

通过该信息，可以判断企业是否严格执行了企业会计准则等会计法规，是否及时、足额确认收入，保证收入的真实性和完整性。

（五）资金流、实物流、信息流是否一致

通过该信息，可以反映企业的财务对账制度是否规范、严格，对于重要资产是否定期盘点，与银行、客户之间的账务往来是否定期函证核对。

（六）坏账的计提与核销情况

通过该信息，一是可以反映出单位是否按照应收账款的实际情况和授信政策，

确定计提坏账准备的标准，并对应收账款合理计提了坏账准备；二是可以反映出坏账的核销是否随意，是否遵循了授权审批控制。

（七）不相容职务分离信息

通过该信息，可以判断收款流程涉及的岗位之间是否相互审核和管理，是否防止了一个岗位控制多个环节的现象。

在设计收款业务流程及内容时，应该能够通过流程的运行，获得以上信息。

三、收款业务流程及内容的设计思路和方法

收款业务流程与内容设计

为了规避上述收款风险，加强内部控制，提供内部管理决策的信息，设计收款业务流程、明确流程中各环节的具体内容。收款业务一般流程及内容设计图如图 4-12 所示。

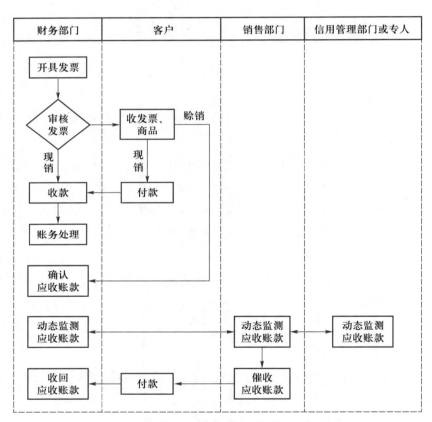

图 4-12　收款业务一般流程及内容设计图

下面对流程图中的内容进行说明。

（1）财务部门对销售合同、销售订单、销售通知单、发运单和出库单进行核对，之后指定专人开具销货发票，并经授权人员进行合规性、合法性审核。

（2）如果是现销业务，按照合同规定的结算方式与客户办理货款结算手续。如果是赊销业务，必然形成应收账款。对于现销业务和赊销业务，财务部门及时编制记账凭证并登记相应账簿，进行收款或应收账款的账务处理，销售部门登记应收账款台账。

（3）公司的财务、销售、信用部门对于应收账款进行信息动态检测，加强应收账款的核对、追踪分析、账龄分析、收现率分析以及催收工作，销售部门及时追讨违反合同拖欠的货款。

（4）应收账款的记录是信用部门确定信用政策和是否增加信用限额的依据，所以，企业的信用部门定期与财务部门、销售部门针对应收账款等信息进行沟通，根据应收款回笼情况，标记该客户的信用等级，及时调整客户信息以及完善顾客信息库。即动态了解客户的信息，作相关分析、评估和预警，对客户资信情况及时调整、动态管理。

（5）按照企业会计准则规定合理计提坏账准备，对于财务、销售、信用三部门履行相关程序共同确认的确实无法收回的货款，财务部门进行坏账核销，同时进行备查登记。当然，对于已经核销的应收账款仍须时时追踪客户的资信情况，制订催讨方案，最大限度降低损失。计提坏账准备和核销坏账均应按照权限范围和审批程序进行审批。

（6）财务部门、销售部门、仓库管理部门对账簿、台账等定期进行核对。

上述流程中，应贯彻不相容职务分离原则，销售业务经办、发票开具、收款相分离；开具发票与发票审核相分离；应收账款记录、销售收入账的记录与收款相分离；催收货款与结算货款相分离；编制和寄送客户对账单与收款、记账相互独立；坏账准备的计提与审批相分离；坏账的核销与审批相分离等。

🔍 大赛直通车

收款业务流程设计思路图见图 4-13。

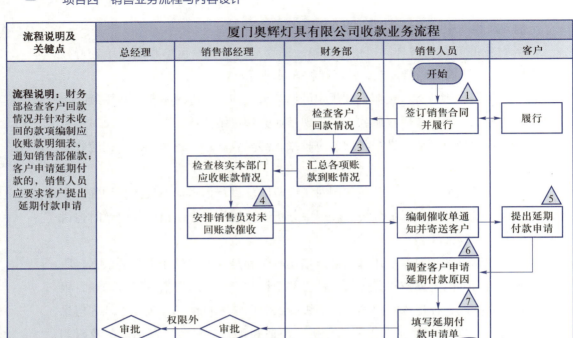

图 4-13　收款业务流程设计思路图

 边学边练

训练资料：华夏公司于 2023 年 7 月 20 日向北京市海淀区劳保用品中心发出赊销的男式夹克 500 件，合同规定收款期限为 3 个月。

训练任务：结合销售业务内部控制及内部管理信息需求，绘制华夏公司管理和收回赊销款项的业务流程。

四、收款业务表单设计

企业应设计商品销售结算单、商品销售收款单、应收账款对账单、应收账款账龄分析表、应收账款收现率分析表等与销售收款、应收账款追踪相关的表单，应用于收款业务流程中的相应节点，反映出收款过程中内部控制的关键点，提供上述收款业务各环节应该提供的信息。按会计核算和管理者对收款业务信息的要求，应设计反映收款业务的会计科目、级次和对应的账户名称、级次和格式，如应收账款、应收票据、坏账准备等会计科目及按客户名称等设计相应级次的明细科目，及其对应账户账页格式。下面主要说明商品销售收款单、应收账款账龄分析表的设计。

（一）设计思路

1. 商品销售收款单

商品销售收款单的设计主要体现因何收钱、向谁收钱、收多少钱、怎么收等信息。企业的收款依据是销售合同和销售订单，所以，其设计内容包括：

（1）关联的销售订单号。

（2）收款时间、收款方开户银行名称和账号、收款金额。

（3）客户名称、付款方式。

（4）商品销售收款单需要连续编号，应设计单据编号。

（5）相关人员签字。经办人员、出纳、财务部门负责人是销售收款业务涉及的主要责任人，所以至少应设计这三方面人员的签字。

2. 应收账款账龄分析表

应收账款账龄分析表的设计应考虑如何有助于对应收账款进行追踪分析，方便销售人员进行催收，为信用管理人员确定信用政策、调整信用额度提供依据。所以，其设计内容应包括以下几方面。

（1）现有的赊销客户名单。

（2）企业在信用期内的应收账款金额及占比；超过信用期的金额；长短不同的信用期对应的应收账款金额及占比。

（3）各客户应收账款金额及其占比；针对每一个客户，各账龄金额占所欠总额的比例。

（4）财务部门负责数据传递和信息反馈，所以，制单人员设计为会计人员，审核人员是审核会计或者是财务部门的负责人。

（二）设计样式

1. 商品销售收款单样式

商品销售收款单见表4-4。

表4-4 商品销售收款单

日期：　　　　　　　　　　　　　　编号：

关联的销售订单号		收款方开户银行	
客户名称		收款方账号	
付款方式		收款金额	

财务部门负责人：　　　　　　出纳：　　　　　　经办人：

2. 应收账款账龄分析表样式

应收账款账龄分析表见表4-5。

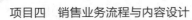

表4-5 应收账款账龄分析表

单位：　　日期：

账款总额	账龄	未到期	1个月以内	1~3个月	3~6个月	6~9个月	9~12个月	12~18个月	18个月以上
	金额								
	占比								

序号	对方名称	未到期		1个月以内		1~3个月		3~6个月		6~9个月		9~12个月		12~18个月		18个月以上		合计	百分比
		金额	占所欠金额比例	金额	占所欠金额比例	金额	占所欠金额比例	金额	占所欠金额比例	金额	占所欠金额比例	金额	占所欠金额比例	金额	占所欠金额比例	金额	占所欠金额比例		
合计																			

合计人员：

财务部门负责人：

132

头脑风暴

现销和赊销在流程设计、表单设计上有哪些区别？

"岗课赛证" 融通训练 ▶▶▶

一、单项选择题

1. 造成企业的赊销货款无法按时收回，或产生大量的坏账损失，是（　　　）风险可能产生的结果。

A. 销售定价　　　　　B. 客户信用管理　　C. 签订合同　　　　D. 销售订单

2. 填写赊销申请单最合适的人员是（　　　）。

A. 销售人员　　　　　B. 财务人员　　　　C. 信用管理人员　　D. 总经理

3. "接收购货订单—审查购货订单—签订销售合同"，这个流程属于（　　　）业务的设计流程。

A. 请购　　　　　　　B. 发货　　　　　　C. 收款　　　　　　D. 接受订单

4. 以下不属于在"接受订单业务流程"中的相应节点使用的表单是（　　　）。

A. 客户信用动态档案　　　　　　　　B. 产品销售订单

C. 产品销售出库单　　　　　　　　　D. 赊销申请表

5. 某公司为加快货款回收，决定允许公司销售部门及其销售人员直接收取货款，针对这种做法，正确的评价是（　　　）。

A. 提高了货款回收的效率

B. 值得推广

C. 责任更加明确，有利于货款的回收

D. 违背不相容职务分离，容易发生舞弊和资金被侵占挪用的现象

6. 以下不属于应收账款账龄分析表构成要素的是（　　　）。

A. 现有的赊销客户名单

B. 收款时间

C. 长短不同的信用期对应的应收账款金额以及占比

D. 制单人员、审核人员

7. 以下不属于在"收款业务流程"中的相应节点应该设计的表单是（　　　）。

A. 产品销售出库单　　　　　　　　　B. 商品销售收款单

C. 应收账款对账单　　　　　　　　　D. 商品销售结算单

8. "仓库审核销售通知单—仓库以销售通知单作为授权依据组织发货—货物发运后，仓库登记实物台账、销售部门登记销售台账—财务部门及时编制记账凭证并

登记账簿",这个流程属于(　　　)业务的设计流程。

A. 请购　　　　　　　B. 发货　　　　　　　C. 收款　　　　　　　D. 接受订单

9. 以下属于销售定价风险的是(　　　)。

A. 没有系统、合理的信用评估体系,销售部门随意对客户授信,造成赊销货款无法按时收回,或产生大量的坏账损失

B. 销售人员不了解市场规则及相关法规、规范,违法销售,导致公司遭受外部处罚、经济损失和信誉损失

C. 没有建立一个有效的价格调查和反应系统,导致定价偏离实际,不合理

D. 订单内容和相关审批手续不齐全、计算不正确、订单内容随意修改,可能产生纠纷,导致客户拒付货款,或者存在舞弊行为,给企业造成损失

10. 销售业务的资金流、实物流、信息流的关系是(　　　)。

A. 可以不一致　　　　　　　　　　B. 不确定

C. 应该保持一致　　　　　　　　　D. 没有明确规定

二、多项选择题

1. 销售业务涉及的主要部门有(　　　　　)。

A. 销售部门　　　　　　　　　　　B. 仓库保管部门

C. 财务部门　　　　　　　　　　　D. 采购部门

2. 销售的基本业务流程有(　　　　　)核心环节。

A. 订货　　　　　　　B. 接受订单　　　　　　C. 发货　　　　　　D. 收款

3. 签订销售合同的风险主要有(　　　　　)。

A. 合同内容存在重大疏漏或欺诈,企业合法权益受到侵害

B. 未经授权或超越权限与客户订立合同,企业合法权益受到侵害

C. 销售价格违背企业销售政策,导致企业经济利益受损

D. 收款期限等违背企业销售政策,导致企业经济利益受损

4. 收集、汇总企业客户信息的作用表现为(　　　　　)。

A. 为客户信用管理提供依据,防范产生坏账的风险

B. 为客户的划分提供依据

C. 判断销售人员和客户是否存在利益交换以及商业贿赂等行为

D. 为企业的产品开发与推广、销售政策的制订等提供依据

5. 接受订单相关环节的授权审批主要有(　　　　　)。

A. 销售合同的审批　　　　　　　　B. 发货的审核

C. 赊销订单的信用审批　　　　　　D. 销售订单的审核

6. 企业应建立规范、严密的发货审核流程,以规避(　　　　　)等风险。

A. 货物属性以及发货的方式、时间、接货的地点等细节不符合合同约定，导致企业形象受损，或者引起客户投诉

B. 货物运输过程管理不善，导致货物数量、质量的损失或丢失

C. 违法销售，导致企业遭受外部处罚、经济损失和信誉损失

D. 交货延迟，发生违约行为，承担违约责任

7. 通过发货业务流程及内容的设计，为企业内部管理提供的信息有（　　　　　）。

A. 销售预算的执行情况

B. 发货责任的落实情况

C. 销售合同的履行情况

D. 货物短缺、毁损、丢失的责任划分情况

8. "发货责任的落实情况"信息对企业内部管理的作用有（　　　　　）。

A. 判断在发货各环节是否贯彻了不相容职务分离原则

B. 反映销售通知单在各部门的流转过程中是否经过严格的审查与复核

C. 反映企业授权发货制度的制订及执行情况

D. 反映企业的物流部门与仓库是否按要求交接

9. 由于收款流程不严密、不相容岗位混淆职能导致企业员工的舞弊行为有（　　　　　）。

A. 随意注销坏账　　　　　　　　　B. 影响会计核算的真实性和可靠性

C. 销售经理私吞货款　　　　　　　D. 出纳或会计截留货款

10. 以下属于设计商品销售收款单时应该考虑的因素有（　　　　　）。

A. 因何收钱　　　　B. 向谁收钱　　　　C. 收多少钱　　　　D. 怎么收

三、判断题

1. 如果企业收到赊销订单，必须交企业的信用管理部门或专人，进行信用额度审核检查，未经过信用审批的赊销订单不得执行。（　　　）

2. 销售人员可以根据具体情况任意调整产品的价格。（　　　）

3. 产品销售订单的设计内容应包含关联销售合同号。（　　　）

4. 设计产品销售出库单时，相关的授权审批人员必须有财务人员。（　　　）

5. 对于已经核销的应收账款无须继续追踪客户的资信情况。（　　　）

6. 企业的销售部门、仓储、物流部门协调一致，使销售通知单在各部门的流转过程中经过严格的审查与复核，务必与原始销售合同保持一致，并落实发货责任。（　　　）

7. 应收账款账龄分析表的设计应考虑如何有助于对应收账款进行追踪分析，方便销售人员进行催收，为信用管理人员确定信用政策、调整信用额度提供依据。

（　　　）

8. 设计商品销售收款单的相关人员签字时，出纳人员签字不是必要项。（　　　）

9. 在设计收款业务流程及内容时，应将销售业务经办、发票开具、收款相分离，以贯彻不相容职务分离原则。（　　　）

10. 因为"货物（产品）出库单"是内部凭证，所以，不需要连续编号。（　　　）

项目五
研发业务流程与内容设计

5

学习目标 ▶▶▶

知识目标
1. 了解企业研发业务的基本内容
2. 掌握企业研发业务的基本流程

能力目标
1. 能够根据企业信息需要设计研发业务基本流程
2. 能够按照风险导向进行流程的创新与优化
3. 能够设计主要的研发业务表单

素养目标
1. 树立大局意识——通过全面分析企业研发业务与其他业务之间的关系，树立从大局出发的意识
2. 激活大数据思维——依托企业充分的业财一体化信息进行研发业务决策训练，激活大数据思维
3. 驱动创新意识——通过风险导向流程设计的训练，不断驱动创新意识，实现流程的精益求精，助力企业可持续发展

 思维导图 ▶▶▶

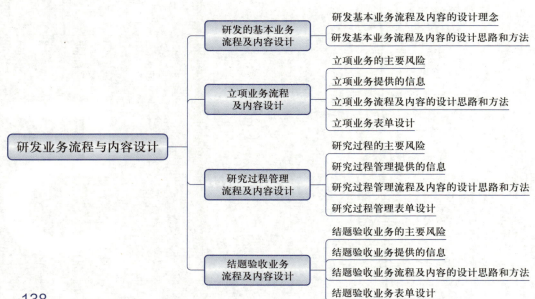

B 公司知识产权整体保护策略的设计

一、关于 B 公司

B 公司 1995 年成立于深圳，业务横跨汽车、轨道交通、新能源和电子四大产业。截至 2021 年年底，B 公司在全球累计申请专利约 3.4 万项、授权专利约 2.3 万项。那么如何通过科学的流程设计进行知识产权的保护，就成为 B 公司当下非常重视的问题。

二、科学布局保护知识产权

B 公司十分重视知识产权的开发和保护，早在 1997 年就成立了知识产权办公室，并形成了一套严密的专利覆盖网和整体保护策略。

第一，制定知识产权战略。B 公司经过多年工作探索、积累和发展，形成攻守兼备的混合型知识产权战略。

第二，根据知识产权战略布局了一系列研发计划。B 公司已完成"数量倍增""质量提升""专利布局"三个阶段的工作，实现了专利数量的原始积累、专利质量的提升以及关联专利组合的知识产权保护。

第三，关注价值提升。目前公司的工作重心是专利质量提升和价值专利挖掘，布局更完善、价值更高的专利组合，实现高价值专利的创造和运用。

三、"跨界"带来的风险与防范

汽车产业已进入乘势而上的新发展阶段，成为稳定经济增长的重要引擎。但是，由于处在一个万物互联的时代，一辆整车的生产已经不仅仅涉及实现出行、载客、运输等功能，更是整合了通信、导航、LED 显示等技术带来的高质量需求，因此，包括 B 公司在内的很多车企都面临"跨界"带来的"烦恼"，那就是在"跨界"中极容易被侵权或者自己不小心侵犯了别人的知识产权。这就可能产生从研发、设计、打样、采购、生产、销售全业务链的法律纠纷等风险，同时提高了知识产权管理的难度，加大了知识产权保护的成本。B 公司面对这样的挑战，坚持创新为本，同时以开放的态度处理知识产权风险。

第一，通过知识产权培训提升员工的知识产权意识，尽可能减少公司侵权的概率。公司定期组织开展培训交流活动，构建针对不同层级员工的全方位培训体系，加强知识产权理念宣传及业务合作。

第二，完善贯穿全业务链的知识产权风险管理机制，并搭建知识产权全业务链管理平台，将知识产权管理业务与企业其他业务、财务平台进行系统整合、全面打通，方便实时掌握相关知识产权登记信息，动态调整知识产权布局，有效防范知识产权侵权风险，提高知识产权的保护能力，防止别人侵犯公司的知识产权。

【思考与启示】

（1）企业要想实现可持续发展，就应当布局符合可持续发展理念的产业及产业链，也就是寻找当下及以后发展的"风口"；

（2）可持续发展的产业布局离不开研发创新，随之而来的大量知识产权成果需要全面、系统的保护策略，企业应当关注重点技术、外观等知识产权管理节点，同时考虑生命周期、市场、技术的变形方案等因素对非关键技术进行更新与保护；

（3）B公司知识产权全业务链平台的搭建，是对业务财务一体化设计理念的具体落实，通过实时掌握相关知识产权登记信息，动态调整知识产权布局，有效防范化解了知识产权侵权风险，提高了知识产权管理能力。

党的二十大报告指出：深化科技体制改革，深化科技评价改革，加大多元化科技投入，加强知识产权法治保障，形成支持全面创新的基础制度。我们也要提升自身的科技创新能力，增强知识产权保护意识。

研发的基本业务流程及内容设计

研发活动介绍

党的二十大报告指出，教育、科技、人才是全面建设社会主义现代化国家的基础性、战略性支撑。必须坚持科技是第一生产力、人才是第一资源、创新是第一动力。在经济全球化背景下，特别是为了抢抓后危机时期重要发展机遇，企业应坚定不移地走自主创新之路，重视和加强研究与开发，并将相关成果转化为生产力，在竞争中赢得主动权，夺得先机。

一、研发基本业务流程及内容的设计理念

（一）基于研发业务管理风险，加强内部控制，设计研发管理基本业务流程

为了促进企业自主创新，增强核心竞争力，有效控制研发风险，实现发展战略，企业应当重视研发业务有关流程与内容设计。本项目所指研发业务，是指企业为获取新产品、新技术、新工艺等所开展的各种研发活动。研究与开发业务分为研究阶段与开发阶段，具体包括研究项目的立项、研究、成果开发与保护、研发项目评估等。企业开展研发活动，至少应当着重关注下列风险。

（1）调研论证不充分。研究项目未经科学论证或论证不充分，可能导致创新不足或资源浪费。

（2）人岗匹配不科学。研发人员配备不合理或研发过程管理不善，可能导致研发成本过高、舞弊或研发失败。

（3）成果转化不理想。研究成果转化应用不足，保护措施不力，可能导致企业利益受损。

企业想要获得可持续发展，就应当重视研发工作，根据发展战略，结合市场开拓和技术进步要求，科学制订研发计划，强化研发全过程管理，规范研发行为，促进研发成果的转化和有效利用，不断提升企业自主创新能力。基于此，在设计研发基本业务流程及内容时应当做到以下几点。

（1）全面梳理研发活动中各个环节业务流程，针对各风险领域查找、界定关键控制点，重点管控。

（2）明确岗位职责权限，形成各司其职、各负其责、互相制约的工作机制，做到不相容职务相分离。

（3）将业务流程、职责权限和管理要求等有机结合，形成具有科学性、规范性和激励与约束共存的研发项目管理制度，实现以制度管人，按制度办事，促进研发活动规范、高效运行。

（二）基于内部管理决策需要，设计研发管理基本业务流程

企业需要结合为内部管理决策提供信息的要求，设计研发管理业务流程及内容。一般来讲，通过研发预算的执行过程和结果的分析，应该为企业内部管理决策提供如下信息。

1. 研发计划是否符合企业的发展战略及预算管理目标

企业应当根据战略规划和预算管理目标，通过充分的市场调研论证及内部研究、讨论，制订科学的研发计划，构建合理的研发任务分配体系及风险评估体系，实现"人人肩上有指标"的管理目标，激发研发人员的动力。

2. 研发管理决策所需要的全过程信息

研发项目的有效管理能够规避研发成本过高、研发失败等风险，需要在业财一体化信息系统设计时，根据研发计划，确定项目立项的数量和评估验收所要求的最低质量标准，进而开展物料采购、设备采购、人员动态管理、项目进度管理、项目验收评估管理等研发控制活动，保证研发计划的有效落地。

3. 预算与考核管理信息

科学的预算管理能够进行有效的资源配置，并激发员工的研发积极性、创造性，提供考评与激励各级研发责任单位和个人的科学依据，真正实现考核的公开、公平和公正。

二、研发基本业务流程及内容的设计思路和方法

研发管理基本业务流程包括两大核心模块，一是以战略为导向、以预算为准绳进行的研发计划制订，包括研发项目数量、验收标准等内容；二是以研发计划执行为目标、以绩效考核为核心的研发管理运营，主要包括经费预算管理，人员动态管理，项目立项管理，物料、设备管理，项目进度管理，项目评估管理等内容，包含了研发项目立项申请与审批、研究过程管理、结题验收、成果开发与保护、评估与改进的各个环节。

企业要进行数字化转型离不开信息系统的构建，在研发管理子系统的构建过程中，应当注意将研发管理中沉淀的经营数据与生产制造、人力、财务等业务子系统进行信息一体化设计，这样在进行业务数据集成的过程中，数据将会自动匹配，生成决策有用信息及报告。研发部门管理者可以通过比对数据库中的业务信息与考评信息，进行人、岗、经费的重新匹配，如研发人员的技术职称提升或研发达标率达到一定标准，系统会自动提示该研发人员经费申请等级和限额的提升，并匹配相应的薪酬管理体系，激发研发人员的创新动力。

企业应当着力梳理研究与开发业务流程，针对主要风险点和关键环节，制订切实有效的控制措施，不断提升研发活动全过程的风险管控效能。根据上述设计理念，基于大中型企业应用的 ERP 信息系统，图 5-1 展示了一般生产企业研究与

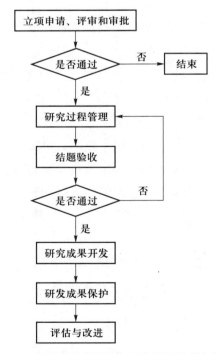

图 5-1　一般生产企业研究与开发活动的业务流程图

开发活动的业务流程图，图 5-2 为研发管理基本业务流程设计图。企业可以参照图 5-2 的设计思路，结合自身情况，设计具体的研发管理业务流程及内容。

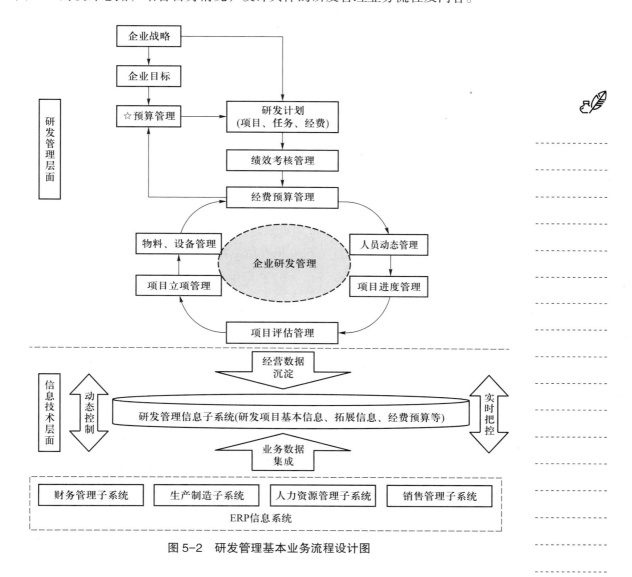

图 5-2　研发管理基本业务流程设计图

边学边练

训练资料：华夏公司为了应对消费市场的快速变化，需要紧盯市场变化设计当下流行款式及经典系列款式的升级和优化。为节约成本，企业决定将一直外包的设计研发服务回收，并成立设计研发部。设计研发部主要的研发项目就是结合销售部、生产部、供应部的销售、生产工艺及材料供应信息和财务部的研发预算信息进行不同系列服装款式的设计。

设计研发部会同财务部门，结合企业的发展战略，制订了详细的项目计划与预算。公司为鼓励研发，目前采取预算经费"不设上限"的指导思路，即只要项目可行性分析论证项目可行，项目经费就会足额保障。

训练任务：请结合研发业务内部控制及内部管理信息，绘制华夏公司包含设计研发部在内的组织结构图，并说明设计理由。

任务二　立项业务流程及内容设计

一、立项业务的主要风险

立项主要包括立项申请、评审和审批。该环节主要风险是：研发计划与国家（或企业）科技发展战略不匹配，研发承办单位或专题负责人不具有相应资质，研究项目未经科学论证或论证不充分，评审和审批环节把关不严，可能导致创新不足或资源浪费。

二、立项业务提供的信息

企业立项的研发项目必须与企业战略发展相一致，在立项项目的审查、审批过程中，以战略为导向，确保项目立项的必要性。项目立项的申请和审查、审批应当分别项目的重要程度，授权不同的职级、部门、岗位，必要时应当引入独立于项目申请与审批的第三方机构参与有关项目可行性审查，确保项目论证的科学性及审查的有效性和审批的合法合规。项目立项的重要性程度不同，收益不同，因此在投入成本上也会大不相同。如果项目的重要性较低，企业可以选择执行简化的审批流程，尽可能降低立项成本。在项目立项的过程中应当提供以下信息。

（一）项目可行性论证信息

企业应当根据实际需要，结合研发计划与经费预算，提出研究项目立项申请，开展可行性研究，编制可行性研究报告，具体包括可行性分析、任务分解、进度计划及关键节点（里程碑节点、技术评审节点、决策评审节点）及项目研发成本的预估。企业也可以组织独立于申请及立项审批之外的专业机构和人员针对项目是否符合国家战略、研发团队资质水平能否保障研发项目进度与质量等进行评估论证，出具评估意见。由于研发项目具有投资大、周期长等特点，一旦开始研发就会发生很高的研发成本，因此在立项流程的设计中就应当严格按照系统控制的原则，设置不同岗位的权限范围，形成不同部门、岗位之间相互制衡。

立项业务流程及内容设计

（二）项目质量标准信息

企业应当结合自身发展战略、市场及技术现状，制订研究项目开发计划，明确项目质量标准，包括参数应用标准、预期效果等信息。

（三）项目审批信息

企业应当建立完善的立项、审批制度，确定研究开发计划制订原则和审批人，审查承办单位或专题负责人的资质条件和评估、审批流程等，明确研发过程中的责任归属，谁来审、怎么审、审什么，确保立项的公平、公正、公开。

研究项目应当按照规定的权限和程序进行审批，如重大研究项目应当报经董事会或类似权力机构集体审议决策。审批过程中应当重点关注研究项目促进企业发展的必要性、技术的先进性以及成果转化的可行性，同时制订开题计划和开题报告，开题计划经科研管理部门负责人审批，而开题报告应对市场需求与效益、国内外在该方向的研究现状、主要技术路线、研究开发目标与进度、已有条件与基础、经费等进行充分论证、分析，保证项目符合企业需求。

三、立项业务流程及内容的设计思路和方法

研发立项管理流程设计可采取并列式结构，即将研发立项管理细分为三个事项，就每个事项即项目立项管理、立项报告编制管理、立项报告评审管理进行流程设计。研发立项管理流程总体架构如图5-3所示。

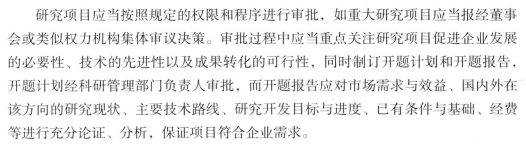

图5-3 研发立项管理流程总体框架

项目立项管理流程设计图如图5-4所示。

从图5-4中可以看出，研发立项业务开始于研发主管根据研发计划及各单位、部门申请情况分配研发任务，研发总监下达研发命令后，正式开启项目立项。经过研发专员的市场调研、分析调研结果，在研发主管的指导和监督下编制项目立项建议书，并由研发主管组织开展项目可行性分析，编制可行性分析报告，再根据相关授权，由研发总监审批，最终确定立项项目，由研发主管编制项目立项报告，再由研发总监审批后准备开展项目。立项报告编制管理流程设计图和立项报告评审管理流程设计图如图5-5和图5-6所示，企业可参考设计本单位的流程图。

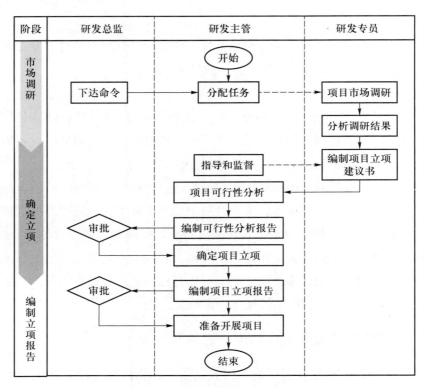

图 5-4 项目立项管理流程设计图

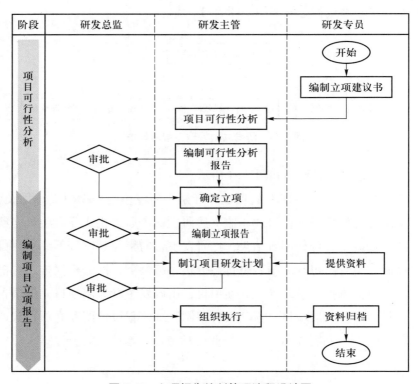

图 5-5 立项报告编制管理流程设计图

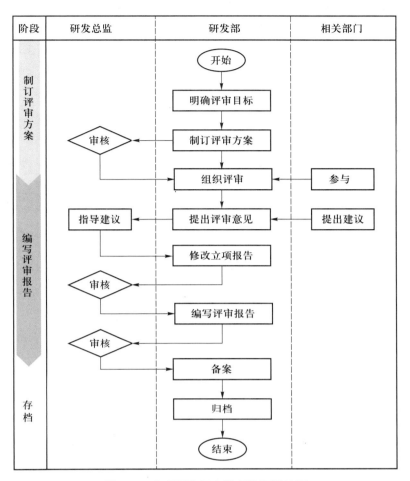

图 5-6　立项报告评审管理流程设计图

四、立项业务表单设计

根据企业研发业务内部控制和管理需要，研发项目立项，需要设计项目建议书、可行性研究报告、开题计划书、开题报告等表单来反映项目立项中的风险信息及决策相关数据。下面以开题报告为例，讲述设计思路，展示设计样式。

（一）设计思路

开题报告作为项目立项的重要依据，首先应当提供包括项目编号、项目名称、项目主持人及所在单位、联系电话及填表日期等信息系统可识别的 ID 信息，也可作为信息子系统之间共享数据的接口；其次是将参与开题的评审人员水平及相应意见进行记录，作为项目立项的备查内容，尽可能规避无效研发以及防止研发失败的风险；最后就是将申报书中的有关内容进行关联，可以自动生成可视化报告，无须进行重复填写，提高数据的利用率，同时避免项目数据的篡改风险。

边学边练

训练任务：请结合研发业务内部控制及内部管理信息，完成以下任务：

（1）绘制华夏公司研发立项管理流程（结合是否为重大项目的因素）并说明可行性研究报告应当包括的内容；

（2）设计可行性研究报告样式。

要求：① 包括可行性研究报告应当具备的内容要素；② 注明可行性研究报告的重大风险提示。

（二）设计样式

1. 封皮样式

开题报告封皮如表 5-1 所示。

表 5-1　开题报告封皮

开 题 报 告

项目编号：＿＿＿＿＿＿＿＿＿

项目名称：＿＿＿＿＿＿＿＿＿

项目主持人：＿＿＿＿＿＿＿＿

所在单位：＿＿＿＿＿＿＿＿＿

联系电话：＿＿＿＿＿＿＿＿＿

填表日期：＿＿＿＿＿＿＿＿＿

2. 内容条款样式

开题报告内容条款如表 5-2 所示。

表 5-2　开题报告内容条款

| 一、开题会议简况：时间、地点、主持人、评议专家（不少于 5 人，其中本单位以外专家不少于 3 人）、参与人员、主要议程等 |

二、开题会议专家名单

姓名	职务 / 职称	专业背景	工作单位

三、报告方案（可加页）

（一）研究背景与意义

（二）研究现状综述（包括已有的著作、论文、研究报告及各种代表性观点）

（三）核心概念界定

（四）理论基础与实践依据（与课题相关的理论及典型性实践梳理分析）

（五）研究目标与内容

（六）研究的基本思路、方法与计划安排

（七）预期成果

序号	完成时间	成果名称	成果形式	负责人

（八）研究任务分工

（九）经费预算及用途

序号	金额	用途	序号	金额	用途
1			4		
2			5		
3			6		

（十）主要参考文献

四、专家评议要点：对研究方案逐项进行可行性评估，并分别提出意见和建议，限 1 000 字

评议专家组签名：
年　　月　　日

五、重要变更：对照课题申请书、结合评议专家意见所作的调整，限 1 000 字

项目主持人签名：
年　　月　　日

六、项目主持人所在单位（部门）意见

盖章
年　　月　　日

七、项目主管意见

盖章
年　　月　　日

八、研发总监（技术总经理）意见

盖章
年　　月　　日

大赛直通车

"研发项目立项业务流程设计"的逻辑步骤：

（1）在平台中打开"新加流程"界面，输入流程名称：研发项目立项，见图5-7。

图 5-7 新加研发项目立项流程图

（2）单击"研发项目立项"流程名称，出现流程设计画布。画布中有诸如"开始""业务发起""业务操作""审批任务""开具发票""索取发票""生成凭证""审核凭证""结束"等流程符号，流程设计时使用这些流程符号。流程设计画布图见图5-8。

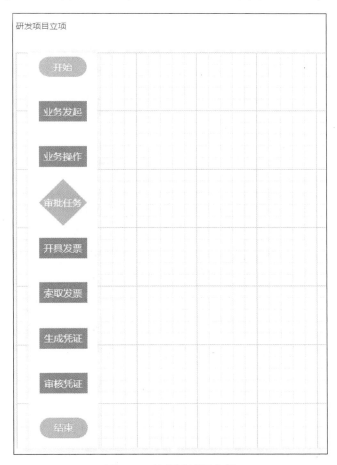

图 5-8 流程设计画布图

（3）"研发项目立项"流程设计使用"开始""业务发起""审批任务""结束"4个流程符号。首先拖拽"开始"到画布上；然后进行"业务发起"的操作，对"任务属性"进行修改：任务名称——编制研发项目可行性研究报告；发起人类型——指定角色；选择发起人类型——指定角色；选择发起人——研发专员；选择表单——研发项目可行性研究报告。具体设计操作见图5-9。

图5-9　"业务发起"设计操作图

（4）根据企业研发业务管理制度的规定，对"研发项目可行性研究报告"设置对应的审批节点，可以依次为：研发总监、总经理等审批。每一次审批都需要对任务属性进行设置，如任务名称分别为"研发总监审核""总经理审核"，执行人类型为指定角色，选择执行人分别为研发总监和总经理，具体业务审批设计操作见图5-10。

（5）项目立项报告审核业务操作。研发项目可行性研究报告通过审批后，应当进一步"提交项目立项报告"，通过"业务操作"模块并进行相应的任务属性设置，见图5-11。

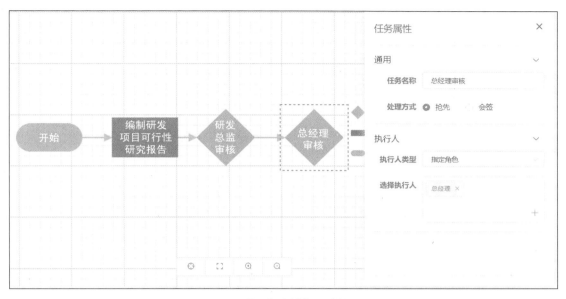

图 5-10　"业务审批"设计操作图

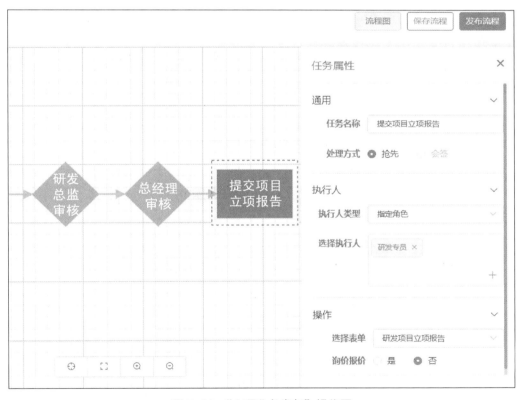

图 5-11　"立项业务发起"操作图

（6）由于"项目立项报告"提交后应当进一步区分重大还是非重大项目进行审核，因此，可先按照非重大业务设置相应流程，提交研发总监和总经理审核（参照

153

第四步审核任务完成），见图 5-12，单击结束任务。同时，于"总经理审核"任务和"结束"任务之间的连接线上添加是否为重大项目的判断条件，进行相应任务属性设置，见图 5-13，即可完成非重大项目立项审批。

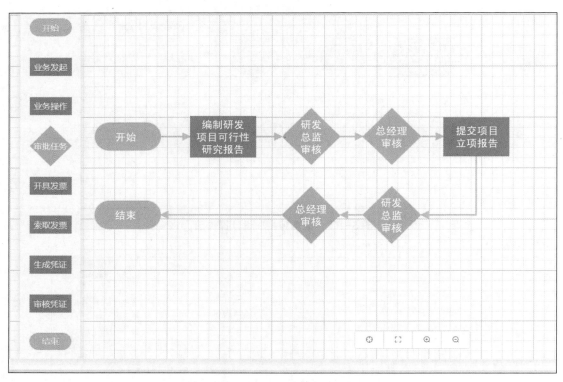

图 5-12　非重大项目审批流程操作图

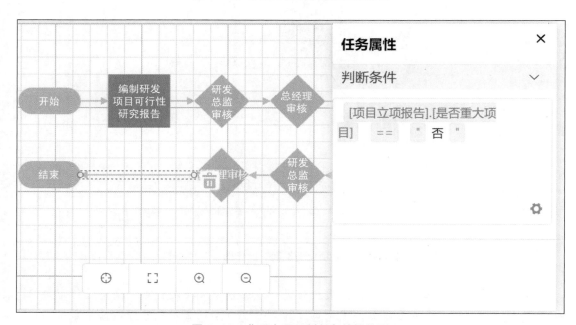

图 5-13　非重大项目判断条件操作图

154

（7）重大项目会设计董事会审批，因此在"总经理审核"后，添加"董事会审核"流程，并于二者之间设置重大项目判断条件，如图5-14、图5-15所示。

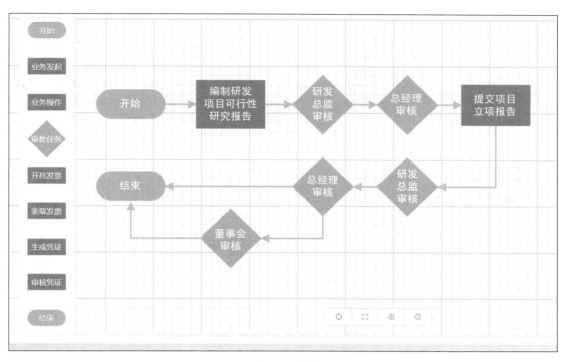

图 5-14 重大项目审批流程操作图

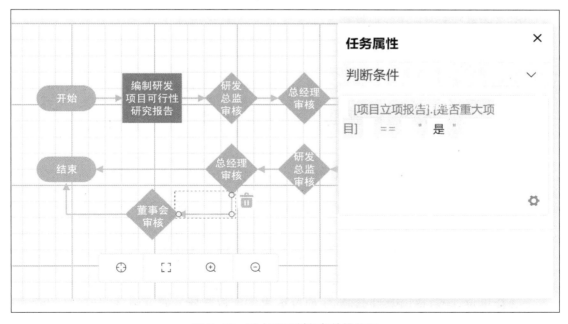

图 5-15 重大项目判断条件操作图

155

（8）为保证流程的连续，将"董事会审核"任务与"结束"任务用连接线链接，然后单击"保存流程"和"发布流程"。结束业务设计操作图见图5-16。

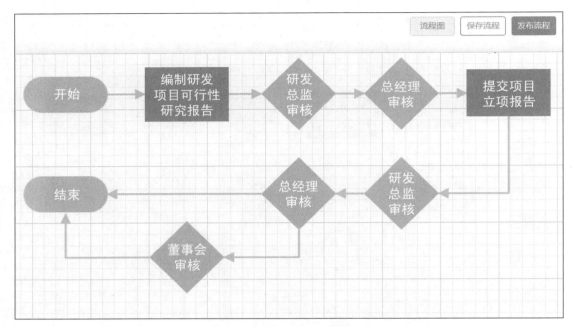

图 5-16 结束业务设计操作图

？/提示

其他研发业务流程的设计同理。

任务三
研究过程管理流程及内容设计

一、研究过程的主要风险

企业应当加强对研究过程的管理，合理配备专业人员，严格落实岗位责任制，确保研究过程高效可控，同时应当跟踪检查研究项目进展情况，评估各阶段研究成果，提供足够的经费支持，确保项目按期、保质完成，有效规避研究失败风险。如果企业研究项目委托外单位承担的，应当采用招标协议等适当方式确定受托单位，签订外包合同，约定研究成果的产权归属、研究进度和质量标准等相关内容。

（一）自主研发风险

自主研发是指企业依靠自身的科研力量，独立完成项目，包括原始创新、集成创新和在引进消化基础上的再创新三种类型。其主要风险包括：第一，研究人员配备不合理，导致研发成本过高、舞弊或研发失败；第二，研发过程管理不善，费用失控或科技收入形成账外资产，影响研发效率，提高研发成本甚至造成资产流失；第三，多个项目同时进行时，相互争夺资源，出现资源的短期局部缺乏，可能造成研发效率下降；第四，研究过程中未能及时发现错误，导致修正成本提高；第五，科研合同管理不善，导致权属不清，知识产权存在争议；第六，核心研发人员泄露秘密和离职给企业带来损失。

（二）委托（合作）研发风险

委托研发是指企业委托具有资质的外部承办单位进行研究和开发。合作研发是指合作双方基于研发协议，就共同的科研项目，以某种合作形式进行研究或开发。其主要风险是：委托（合作）单位选择不当，知识产权界定不清。合作研发还包括与合作单位沟通障碍、合作方案设计不合理、权责利不能合理分配、资源整合不当等风险。

二、研究过程管理提供的信息

企业对研发过程进行管理，一方面可以规范本企业产品研发工作的执行流程，满足企业对产品研发工作的整体要求；另一方面，加强研发过程管理，能够有效提升企业研发管理绩效和质量水平，降低企业研发任务管理成本，确保企业稳步发展，同时为研发任务的管理人员进行组织内部个人的岗位职责、工作特点及工作能力进行分配提供决策有用信息，做到各尽所能，责任明确，目标一致。

研究过程的有效管理能够科学进行过程控制，保证研究项目成果的转化率。通过与预算管理的对接，匹配项目经费预算与研发进度评测，切实保证研发项目如期、高质量完成。研究过程管理提供的信息主要有以下几方面。

（一）研发类型信息

不同的研发类型所包含的风险不同，相应的管控措施也不尽相同，决策所需信息也各有侧重。因此在研究过程管理中，应当提供研发类型信息，针对自主研发、委托（合作）研发，设计不同预警指标，如自主研发中应当重点关注研发的效率，而委托（合作）研发则应当注意产权的保护。

（二）研发进度信息

有效的研发进度管理有助于企业管理部门清楚研发项目进程中各部门、人员的工作职责，使各项工作程序规范，执行合理，防止出现纠纷。可以设计如研发成本累计支出、研发进度累计百分比等指标，通过对照计划进度与实际执行进展，分析预测研发成功的概率及成果的转化率。

（三）研发经费信息

研发项目的按期、保质完成，离不开充足的经费支持，科学的经费预算信息与实际研发进度的匹配有助于管理者判断研发过程管理的科学性、合理性，如依据研发经费预算项目构成及各项目支出进度的信息，管理者可以明确研发团队具体做了哪些工作，是否按照原定技术路线执行，并进一步进行偏差分析。

（四）核心研发人员信息

核心研发人员掌握企业核心技术，是企业研究开发正常运行的关键，也是研发项目转化的重要保障。核心研发人员一般包括产品开发团队负责人，主要研究骨干和在测试、制造、成本控制等各方面承担主要责任的业务人员等，企业应当对核心研发人员的基本信息以及成果积累与转化乃至价值观等信息进行全方位掌握，才能保证研发项目高质量完成，保护企业核心技术及竞争优势。

（五）人员考核信息

研发项目主要是研发人员基于自身的研究成果和研究方法产出的创新成果，属于知识、劳务密集型项目，因此，如何激发人的积极性、主动性和创造性就成为研发人员管理的重要课题，这就要求管理者应当掌握人员考核信息，构建公平、公正、公开的研发项目考评体系，项目成果按贡献重要性程度量化，真正实现多劳多得、优劳优得。

三、研究过程管理流程及内容的设计思路和方法

研究过程管
理流程及内
容设计

研究过程管理主要针对研发任务管理和研究进度控制开展，目的在于规范研发流程，降低研发过程中的各项风险，在内容及流程设计上应当重视与预算管理相结合进行考核管理，激发研发人员的创造活力。研发任务管理流程总体架构图如图 5-17 所示。研发工作计划制订管理流程、研发任务实施准备管理流程和阶段研发任务成果评估管理流程如图 5-18~图 5-20 所示。

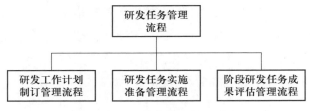

图 5-17　研发任务管理流程总体架构图

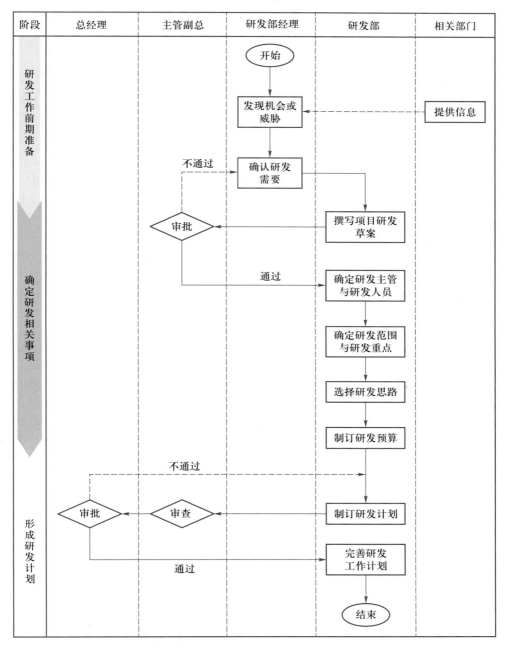

图 5-18　研发工作计划制订管理流程

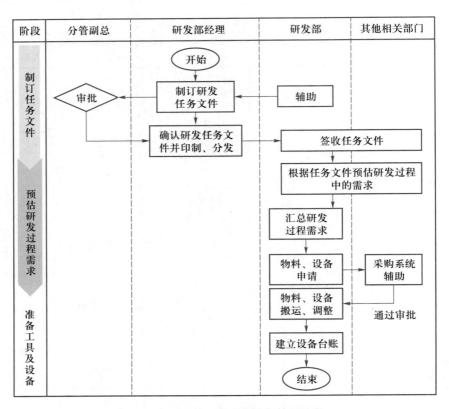

图 5-19 研发任务实施准备管理流程

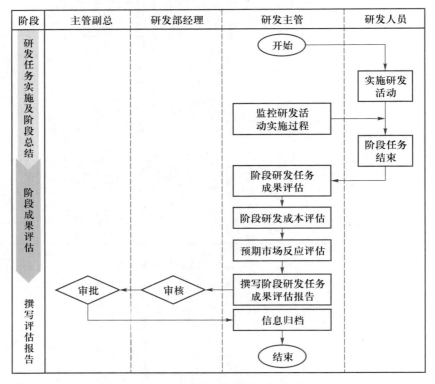

图 5-20 阶段研发任务成果评估管理流程

从图 5-18～图 5-20 中可以看出，研发任务管理主要针对研发预算及计划的制订、依托采购系统进行物料、设备的准备工作，最后根据阶段研发任务成果进行评估，并结合进度管理进行考核。图 5-21、图 5-22 分别展示了研发进度管理流程与研发进度考核管理流程。

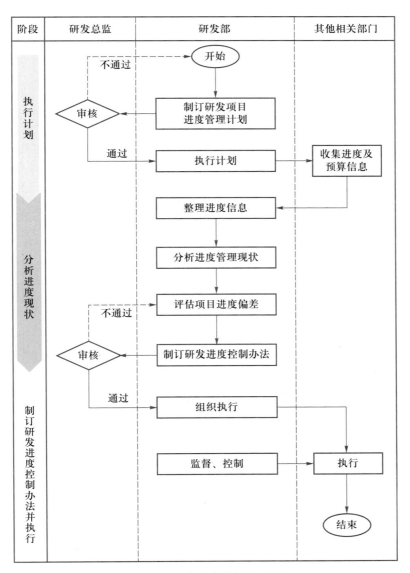

图 5-21　研发进度控制管理流程

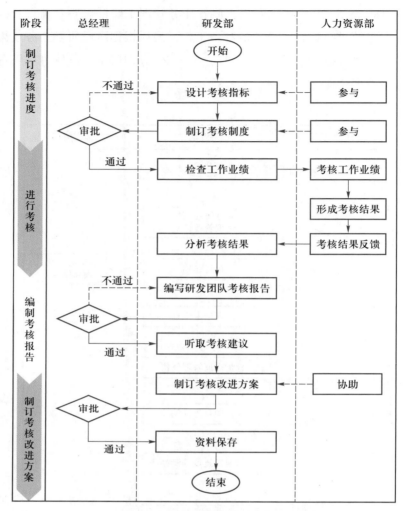

图 5-22 研发进度考核管理流程

四、研究过程管理表单设计

根据企业研发业务内部控制和管理需要，企业通常需要设计项目实施进度计划表、项目中期评审表、技术合同、外包项目合作过程管理监督表、研发费用报销单、研发人员管理决策报告等表单以反映企业管理者决策所需信息。下面主要说明研发人员管理决策报告的设计。

（一）设计思路

企业开展研发过程管理，需要清楚掌握项目立项情况、研发计划、研发进度、经费预算及人员考核等信息，因此，企业不同管理者基于不同决策需要可以从信息系统中抽选自己需要的信息，如项目名称、编号等 ID 信息，成员承担任务信息，研发进度，经费报销以及研发成本的累计情况等，生成个性化的决策

162

报告。

（二）设计样式

研发人员管理决策报告如表 5-3 所示。

表 5-3　研发人员管理决策报告

生成部门：　　　　　　　　　　　　生成时间：　　　　　　　年　月　日

项目名称	项目编号	项目成员	成员职责	研发进度	经费报销	研发成本累计	预算经费
技术研发	CZ001	张三	研发主管				
		李四	技术测试				
		王五	装配				
阶段任务评审结果							
绩效考评结果		张三					
		李四					
		王五					

总经理：　　　　　人力资源总监：　　　　　分管研发副总：　　　　　研发主管：

 边学边练

训练任务：请结合研发业务内部控制及内部管理信息，设计华夏公司研发人员管理决策报告。

要求：① 区分不同岗位、职责进行经费分配；② 提供项目进度、经费支出进度及累计研发成本等信息。

任务四

结题验收业务流程及内容设计

一、结题验收业务的主要风险

结题验收是对研究过程形成的交付物进行质量验收，结题验收分检测鉴定、专家评审、专题会议等方式。企业应当建立和完善研究成果验收制度，组织专业人员对研究成果进行独立评审和验收。

企业对于通过验收的研究成果，可以委托相关机构进行审查，确认是否申请专

利或作为非专利技术、商业秘密等进行管理。企业对于需要申请专利的研究成果，应当及时办理有关申请专利的手续。其主要风险包括：由于验收人员的技术、能力、独立性等造成验收成果与事实不符；测试与鉴定投入不足，导致测试与鉴定的不充分，不能有效地降低技术失败的风险。

二、结题验收业务提供的信息

结题验收标志着研发成果的形成或研发失败，要求实事求是，按照项目交付质量标准、时间节点、预算管理要求等严格把关，切实保证研发成果的有用性。企业应当根据项目重要性程度，遵循成本效益原则，尽可能实现利润最大化；应当根据研发项目的保密程度，设置保密等级，在结题验收过程中采取相应程度的安全保护措施，防止商业秘密或专利技术的流失。因此，在结题验收业务中需要提供的信息主要有以下几方面。

（一）研发成果信息

研发成果信息是结题验收中应当提供的重要信息，包括基本信息和研发过程信息。基本信息主要包含研发成果的立项部门、单位、编号、研发期间、承接研发的部门、团队及负责人基本情况、研发成果的应用范围及应用成效；研发过程信息主要为研发任务的分配、研发进度的管控、项目经费支出情况、阶段成果质量的评估及研发考核信息。如果是外包研发，还应提供招标、承包企业信息、研发管控制度等信息。

（二）验收方式信息

验收的独立性和科学性是保障验收结果有效的重要前提，因此在验收过程中应当提供验收方式选择的依据及验收单位资质证明文件，同时提供验收资金预算、投入信息和差异分析信息。

（三）验收结果鉴定

验收结果鉴定信息应当包括是否符合预期应用成效、质量标准、预算执行结果、专家建议等，作为结题验收的最终材料归档保存。

三、结题验收业务流程及内容的设计思路和方法

结题验收是评判研发项目是否符合预期要求的重要环节，企业应当重视结题验收流程的设计，确保验收结果的公正、客观、有效。一般制造型企业结题验收业务流程及内容设计图如图 5-23 所示。

结题验收业务流程及内容设计

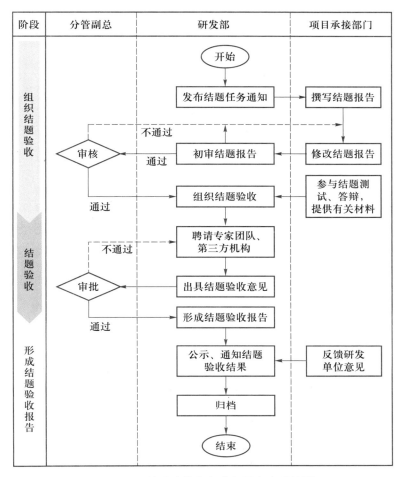

图 5-23　结题验收业务流程及内容设计图

　　从图 5-23 中可以看出，研发部发布结题任务通知，项目承接部门撰写结题报告，并通过团队反复修改后，提交研发部初审。如果通过，则交由分管副总进行审核；若不通过，则退回研发承接部门重新修改。分管副总审核通过的研发项目由研发部组织结题验收，通过聘请专家团队、第三方机构，听取研发承接部门的结题测试、答辩和资料展示，出具结题验收意见。上报分管副总审批通过后，形成结题验收报告，由研发部将结题验收结果进行公示，并将结果通知具体项目研发承接部门，如无异议，则可形成档案资料归档保存。

如果研发项目通过结题验收并申请了相关知识产权，请大家结合章首 B 公司知识产权保护案例，思考并讨论关于知识产权保护的方案和流程，并尝试设计知识产权保护档案信息表。

四、结题验收业务表单设计

结题验收主要针对项目研发成果的应用成效、测试结果等出具鉴定意见，并结合企业发展战略、研发项目计划和经费预算，确定研发成果的应用范围、应用时限，为研发成果开发、营销策划、市场推广提供决策依据。根据内部控制和管理需要，设计项目验收申请书、项目决算报告、项目结项报告和研发成果开发预测表等。下面主要说明项目结项报告、研发成果开发预测表的设计。

（一）设计思路

1. 项目结项报告

项目结项报告主要是对项目成果是否符合立项预期要求的检验，应当着重关注成果的形式及其应用效果，如学术上的创新和突破、学术价值和应用价值、成果质量标准、社会效益、能给企业带来的价值创造点等。具体应当包括项目编号、项目名称等基本 ID 信息，同时将项目基本情况与项目立项内容、项目阶段性成果填报等信息进行关联，结合项目经费预算及执行信息、现场答辩情况，综合判断项目成果的有效性。在意见签署中应当注意第三方专家的介入，为保证公平、公正，应当从专家库中随机抽取相匹配的行业专家，并通过信息系统直接进行参与与否的反馈及评审规则的熟悉，避免信息的泄露。

2. 研发成果开发预测表

由于企业结项验收信息会自动沉淀到数据库中，管理者基于不同的管理需要进行数据的调取，生成个性化的决策报告，主要用于研发成果的开发预测，即基于多项研究成果的基础进行企业成果转化的预测，主要应当包括项目名称、编号等 ID 信息，关联项目结项的基本情况，如测试参数、应用成效等，与企业预期开发产品的参数标准、应用标准进行匹配，确定是否转化生产。

（二）设计样式

项目结项报告如表 5-4 所示。

表 5-4 项目结项报告

结项申请单位： 项目类别： 项目编号：
项目立项日期： 年 月 日 项目负责人：

项目基本情况				项目主要研究人员	阶段性研究成果
项目名称	项目经费	成果形式	项目完成时间		
最终成果内容（学术上的创新和突破、学术价值和应用价值、成果质量标准、社会效益）					
研发主管部门意见				签名： 年 月 日	
专家意见				签名： 年 月 日	
分管副总意见				签名： 年 月 日	

研发成果开发预测表如表 5-5 所示。

表 5-5 研发成果开发预测表

生成部门： 生成时间： 年 月 日 生成人员/编号：

项目结项验收基本情况			成果开发要求		成果开发匹配度	成果开发意见
项目编号	测试参数	应用成效	参数标准	应用标准		

边学边练

训练任务：结题验收后，华夏公司要将知识产权形成情况归档，请尝试设计华夏公司知识产权档案。

要求：① 区分知识产权类型；② 区分知识产权所处阶段/环节；③ 区分保密级别及绩效等级。

"岗课赛证"融通训练 >>>

一、单项选择题

1. 以下不属于企业研发业务的是（　　）。

A. 企业为获取新产品所开展的各种研发活动

B. 企业为获取新技术所开展的各种研发活动

C. 企业为采购新设备所开展的各种可行性论证活动

D. 企业为获取新工艺所开展的各种研发活动

2. 下列各项中，不属于企业在设计研发基本业务流程及内容时应当重点关注的事项是（　　）。

A. 业务流程中的关键控制节点

B. 不相容职务相分离

C. 企业研发设备的投入情况

D. 研发管理制度

3. 下列各项关于企业研究与开发活动的业务流程的说法不正确的是（　　）。

A. 研发管理基本业务流程包括研发计划制订和研发管理运营两大核心模块

B. 企业研发计划制订应当与企业发展战略相一致

C. 企业研发计划制订应当结合企业的预算管理

D. 企业研发计划的执行主要依赖于研发总监的管理能力

4. 下列属于研发项目立项管理过程中研发总监职责的是（　　）。

A. 研发任务下达　　　　　　　　　B. 项目可行性具体分析

C. 分析市场调研结果　　　　　　　D. 编制项目立项报告

5. 以下不属于立项业务表单中应该包含的要素的是（　　）。

A. 产品名称　　　　　　　　　　　B. 项目编号

C. 项目预算金额　　　　　　　　　D. 项目主管意见

6. 下列不属于项目立项管理内容的是（　　）。

A. 立项申请　　　　B. 立项评审　　　　C. 立项审批　　　　D. 成果开发

7. 设计研发立项业务活动流程，可不作为主要风险考虑的是（　　）。

A. 战略不匹配风险　　　　　　　　B. 研发经费风险

C. 项目负责人资质风险　　　　　　D. 项目可行性风险

8. 以下关于研究过程主要风险的说法中，不正确的是（　　）。

A. 研究过程主要风险应当区分自主研发和委托（合作）研发分别予以关注

B. 自主研发风险主要是研究人员配备不合理导致研发成本过高

C. 自主研发过程中的项目管理风险一定会导致研发失败

D. 委托（合作）研发过程中最重要的是合理界定知识产权权属，避免产权纠纷

9. 下列不属于自主研发活动的是（　　　　）。

A. 原始创新 B. 集成创新

C. 在引进消化基础上的再创新 D. 引进科创成果

10. 下列关于研究过程管理提供的信息说法中正确的是（　　　　）。

A. 研究过程管理提供的信息应当能够反映研究项目的进度

B. 研究过程管理提供的信息可以不反映项目的经费信息

C. 研究过程管理提供的信息不需要反映项目负责人信息

D. 研究过程管理提供的信息不反映相关考核信息

二、多项选择题

1. 企业的研究与开发业务包括（　　　　　　）。

A. 研究阶段 B. 试制阶段 C. 设计阶段 D. 开发阶段

2. 企业开展研发活动应当重点关注的风险有（　　　　　）。

A. 调研论证不充分 B. 人岗匹配不科学

C. 成果转化不理想 D. 制度保障不及时

3. 企业基于研发管理决策需要，应当获取的相关信息包括（　　　　　）。

A. 研发计划的战略匹配程度 B. 项目预算考核信息

C. 项目立项的最低质量标准信息 D. 相关的物料采购信息

4. 企业研发管理活动中，包含的主要工作内容有（　　　　　）。

A. 经费预算管理 B. 项目立项管理

C. 项目评估管理 D. 设备管理

5. 以下属于研发立项过程应当设计的业务表单有（　　　　　）。

A. 项目建议书 B. 可行性研究报告

C. 开题计划书 D. 开题报告

6. 企业研发业务的主要阶段有（　　　　　）。

A. 立项 B. 研究

C. 研发项目评估 D. 成果开发与保护

7. 在项目研究过程中应当注意的主要风险有（　　　　　）。

A. 自主研发中的项目管理风险

B. 自主研发中的知识产权权属风险

C. 委托（合作）研发中的承接单位资质风险

D. 委托（合作）研发中的研发效率问题

8. 研发人员管理决策报告设计时应当包含的信息有（　　　　　）。

A. 项目名称及编号　　　　　　　　B. 项目权属信息

C. 研发成本信息　　　　　　　　　D. 项目预算

9. 结题验收时，可参考的验收方式有（　　　　　）。

A. 通过专家库抽取专家进行匿名评审

B. 通过组织专题会议讨论项目结题内容

C. 委托第三方有资质的单位进行验收参数的检测

D. 委托第三方单位试生产

10. 结题验收时应当提供的信息有（　　　　　）。

A. 研发成果信息　　　　　　　　　B. 验收方式信息

C. 验收结果鉴定　　　　　　　　　D. 审批单位信息

三、判断题

1. 企业应当基于信息系统的设计，实现战略、研发业务管理的一体化。（　　　）

2. 结题验收通过的项目都会进行成果转化。（　　　）

3. 项目研发验收情况应当科学归档，电子档案应当以相应要求进行保存。（　　　）

4. 项目研发进度的绩效考核制度无须考虑人力资源管理部门的意见。（　　　）

5. 研发任务管理主要包括研发工作计划的制订、研发任务实施准备及阶段研发任务成果评估。（　　　）

6. 研发风险对于不同的研发项目都是相同的。（　　　）

7. 企业的研发计划是按照企业的战略目标和预算管理要求制订的。（　　　）

8. 项目立项过程中无须考虑立项成本，而是重在项目可行性的论证。（　　　）

9. 企业在进行项目立项的评审时，应当对研发项目的数量和最高质量标准给出明确结论。（　　　）

10. 企业在设计研发业务流程时，应当全面梳理研发活动中各个环节业务流程，针对各风险领域查找、界定关键控制点，全面实施管控。（　　　）

项目六
人力资源管理业务流程与
内容设计

6

学习目标 >>>

知识目标	1. 了解企业人力资源管理业务的基本内容
	2. 掌握企业人力资源管理业务的基本流程
能力目标	1. 能够根据企业信息需要设计人力资源管理业务基本流程
	2. 能够按照风险导向进行人力资源管理业务流程的创新与优化
	3. 能够设计人力资源管理主要的业务表单
素养目标	1. 树立公平理念——通过学习科学、公平的人力资源管理信息系统设计，树立公平理念
	2. 培养信息思维——依托企业充分的业财一体化信息进行人力资源管理业务决策训练，培养信息思维

思维导图 >>>

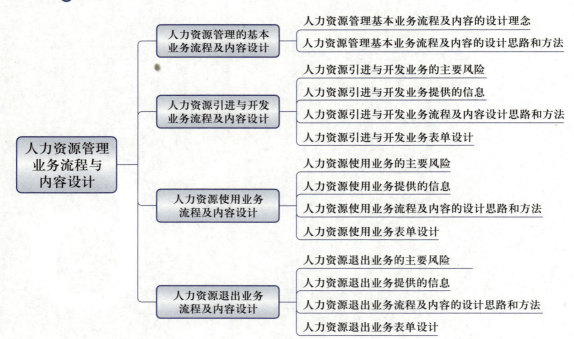

德技并修 ▶▶▶

人力资源管理的数字化转型趋势

某公司 CEO 分享了自己关于人力资源管理九大趋势的思考，也是人力资源管理流程创新的梳理过程。

趋势一，人力资源支撑战略的定位与模型发生了改变。

（1）最显著的改变是关注外部，逐步迭代为注重价值输出的生态型 HR。

（2）成就人人。

（3）平台共创。新的组织就像一个没有边界的平台，不同的个性、共同的精彩，这就需要科学设计和利用这个平台。

趋势二，组织形态由原来的科层式向平台式转变。

第一，组织无边界，原来的科层式向网状进行转变。

第二，授权方式从集权式向分权式改变。

趋势三，企业的用工方式向多元契约关系进行转变。

第一，灵活用工成为许多企业重要的人才蓄水池，可以在企业面临业务变动、人员编制控制、政策法规、风险规避等难题的时候能够提供新的突破思路，并且可以达成降低用工成本，减轻制造压力，满足短期项目需求的效果。

第二，劳动力多样化。

第三，"人才为企业所有"转变为"人才为企业所用"。任正非曾经讲过"人才不是华为的核心竞争力，对人才进行有效管理的能力才是企业的核心竞争能力。"

趋势四：员工的学习方式由过去的传统的培训向自主沉浸式方式进行转变。

传统的培训就是标准化，而沉浸式的方式就是千人千面，通过 AI ＋算法，让每个人都能够找到和学习他感兴趣的内容。

趋势五：个体从任务工具人向价值共创者进行转变。

（1）企业作为平台，为个体提供舞台，员工是价值共创者。

（2）不同年龄段的员工具有不同的个性，但有共同的精彩。

（3）从 KPI 转向 OKR[①] 是企业未来需要重点关注的问题。

趋势六：薪酬激励向价值付薪进行转变。

付薪原则是薪酬计算的核心，它决定了企业为何种要素和员工行为付薪，围绕"价值创造—价值评价—价值回报"展开，兼顾对内对外的贡献，短期和长期的贡献，激发组织的活力。

---

① OKR（Objectives and Key Results）全称为"目标和关键成果"，是企业进行目标管理的一个简单有效的系统，能够将目标管理自上而下贯穿到基层。

趋势七：企业的核心竞争能力由过去的整合资源向发挥知本转变。

过去一个企业的核心竞争力很大程度上基于拥有多少有形资产，而现在取决于企业积累的知识系统，通过发现、培养和成就核心人才成为企业的核心竞争力。

趋势八：人力资源管理由经验驱动向数据驱动进行转变。

（1）过去是千人一面，难尽其才，未来是千人千面，人尽其才。

（2）通过标签化可以让每个人才的优势显现出来，通过精准化可以让每个人才的"选、育、用、留"的政策具有针对性。

（3）企业数字化让我们做事的方式跟过去相比有着革命性的变化。

趋势九：人力资源管理向心力资源进行转变。

加里·哈默在《组织的未来》一书中，描述了工作能力层次架构，从上到下说明了创造的工作效果，其中排在最前面的是勇气、创造力和主观能动性（即来自内心的一种力量），而不是专业知识、勤勉和付出。

【思考与启示】

（1）人力资源管理的新趋势在于数字化转型，即由经验驱动向数据驱动进行转变，这就要求企业组织形态由原来的科层式向平台式转变，人力资源管理流程也应当适应组织形态的变革。

（2）未来的企业作为平台，为个体提供舞台，员工是价值共创者，这就要求企业在流程设计中考虑由过去的千人一面转变为千人千面的数据收集与信息释放。

（3）党的二十大报告指出："必须坚持科技是第一生产力、人力是第一资源、创新是第一动力，深入实施科教兴国战略、人才强国战略、创新驱动发展战略，开辟发展新领域新赛道，不断塑造发展新动能新优势。"一个企业的核心竞争力不是有多少员工，而是这些人中有多少核心人才，核心人才的薪酬激励已经转为价值创造激励，因此，如何通过流程设计激发员工的主观能动性、创造力才是未来人力资源管理领域的重点课题。

任务一　人力资源管理的基本业务流程及内容设计

一、人力资源管理基本业务流程及内容的设计理念

人力资源管理业务介绍

（一）基于人力资源管理风险加强内部控制，设计人力资源管理基本业务流程

本项目所讲的人力资源是指企业组织生产经营活动而录（任）用的各种人员，包括董事、监事、高级管理人员和全体员工。人力资源是企业可持续发展的动力和

源泉，企业应当重视人力资源建设，根据发展战略，结合人力资源现状和未来需求预测，建立人力资源发展目标，制订人力资源总体规划和能力框架体系，优化人力资源整体布局，明确人力资源的引进、开发、使用、培养、考核、激励、退出等管理要求，实现人力资源的合理配置，全面提升企业核心竞争力。

现代企业竞争的关键在于人力资源的竞争，移动互联、云计算、大数据及人工智能等新技术不仅改变了人们的生活方式，对企业向数字化转型也产生了深远的影响，为企业人力资源管理实现数字化打下良好基础的同时也对企业现有的管理模式提出了新的挑战，带来了新的风险，主要表现在以下几方面。

1. 人力资源引进与开发风险

人力资源缺乏或过剩、结构不合理、开发机制不健全，企业发展战略可能难以实现。人力资源规划是一项系统的战略工程，造成现有人力资源引进存在风险的重要因素之一就是企业内部没有规划方案或者方案过于简单，主要原因是企业高层管理团队对人力资源管理的不重视，多数企业内部其实并没有专门的方案。只是在实际引进与开发人力资源过程中，管理人员要么直接依照企业缺少与辞职量的空缺位置进行人员筛选，没有实际了解企业不同部门对于人才数量和质量的需求；要么依照以往的引进与开发模式进行人员筛选，没有结合企业实际发展需求便进行人力资源引进与开发，常常出现岗位需求与实际引进人员人岗不匹配，工作一段时间后便出现大量的离职现象，导致企业在人力资源引进与开发过程中的资源消耗成倍增加。花费资源引进与开发人才，到最后不仅没有选拔到高素质的专业人才，反而还浪费了企业大量资源，部门内部工作氛围也被"打乱"，企业整体工作效率与质量水平明显下降，企业便更加不重视人力资源招聘工作，内部管理形成恶性循环，最后由企业承担更多的运行压力与经济负担。

2. 人力资源使用风险

人力资源使用风险主要是指企业在人员的使用调配和管理层的管理授权时，由于人事决策失误、组织协调失衡、员工的思想道德问题或者能力的不足等给企业造成损失的程度和可能性。如果人力资源激励约束制度不合理、关键岗位人员管理不完善，则可能导致人才流失、经营效率低下，给企业带来严重损失。

（1）职位能力风险。人力资源管理的目的是合理使用人力资源，最大限度提高人力资源的使用效益，因此，在人力资源管理过程中，必须做到"人适其事、事得其人、人尽其才和事竟其功"。然而，由于每一个岗位都有其特定的工作任务和工作要求，配备的人员就需要具备相应的素质，包括思想道德水平、知识、经验、技能等，才能完成工作任务。如果所选用的人与特定的岗位相适应，这个岗位所要求的工作目标就能实现；反之，可能无所作为，甚至造成重大损失。因此，从员工的能力与职位的工作能力要求是否匹配来看，在人员的调配工作中存在着职位能力风险。

（2）道德风险。人力资源使用风险主要是人为的、内部的、主观的风险。由于在人员的调配使用过程中，判断人的思想道德水准往往比较困难，即使能判断出员工的道德水准和思想修养，往往也难以保证员工在任期内不会由于外部诱因而导致腐败，给企业造成损失。因此，在人力资源使用方面存在着道德风险。比如，管理层对财务报表进行粉饰；雇员私自挪用公司资产；员工擅自以公司名义做出的违法行为，员工跳槽导致企业的商业秘密泄露和知识产权流失等。这些都是由于员工的思想道德水准问题而做出的主观故意的越权行为，给企业造成的损失是不可估量的。

（3）授权风险。日常管理过程中，管理人员或者由于时间精力有限，或者为了培养下属管理人员的管理能力，发挥下属的潜力，或者出于让下属处理特殊问题的需要，授权就成了必要的管理手段。然而在授权过程中，可能由于授权不当、沟通不足和职权界定不清等原因，员工或者不能尽职或者做本不应由其完成的工作，公司内部上下以及横向沟通不够造成内部合作不够紧密，下属领导力不足或者超越职权限制滥用权利等，这些都将给企业造成损失。因此，在人力资源使用过程中存在着授权风险，这也是企业应当通过业财一体化设计要解决的主要问题。

（4）激励政策风险。企业的价值创造依赖于员工的积极性、主动性和创造性，建立科学合理的激励机制是调动员工积极性、提高员工工作效率的必要条件。企业的绩效考核制度、薪酬制度以及奖惩制度等往往是每一个员工十分关心的问题，同时也是企业激励员工的主要依据。然而，由于企业激励制度的制订可能不合理、不科学，起不到激励员工的效果，甚至挫伤了员工原有的积极性。因此，在人力资源使用过程中还存在着激励政策的风险。

3. 人力资源退出风险

人力资源的开发和使用过程中会由于自然到退休年龄、职务犯错、岗位能力不匹配等原因而导致人力资源的退出。人力资源退出机制如果不当，可能会使企业声誉受损，甚至会导致法律诉讼。

目前很多企业都存在人才流失严重的现象，多半是由于企业的相关制度体系存在弊端或不够完善。以员工的绩效考核管理制度为例，若评价指标体系缺乏科学性、合理性，考核制度难以区别各员工的贡献程度，那么就会挫伤部分员工的工作积极性，使员工消极怠工甚至离开企业。此外，若该企业的薪酬管理体系相较于同行业来说不够健全，导致该企业员工与其他企业员工付出相等或更多的投入，所获薪酬却相差较大，同样会使员工产生极不公平的心理，表现出懈怠的工作态度，容易出现人才流失现象。

企业人力资源管理的关键在于建立健全完善的业务流程及制度来防范和化解人力资源管理中存在的这些重要风险，所以，企业在设计人力资源管理基本业务流程及内容时应做到以下几点。

（1）企业应当根据人力资源总体规划，结合生产经营实际需要，制订年度人力资源需求计划。也就是说，人力资源要符合企业发展战略需要，符合生产经营对人力资源的需求，尽可能做到"不缺人手，也不养闲人"。

（2）企业应当根据人力资源能力框架要求，明确各岗位的职责权限、任职条件和工作要求，通过公开招聘、竞争上岗等多种方式选聘优秀人才。这项要求实际上意在强调企业要选合适的人，要按公开、严格的程序去选人，保证公平、公正。

（3）企业确定选聘人员后，应当依法签订劳动合同，建立劳动用工关系，防止用工违约的法律风险；已选聘人员要进行试用和岗前培训，试用期满考核合格后，方可正式上岗，合理规避岗位与能力不匹配所带来的损失。

（4）企业应当建立和完善人力资源的激励约束机制，设置科学的业绩考核指标体系，对各级管理人员和全体员工进行严格考核与评价，并制订与业绩考核挂钩的薪酬制度。如何留住引进来的优秀人才，对企业至关重要，这项要求就是对此提出的指引，企业应当予以足够关注。

（5）企业应当建立健全员工退出（辞职、解除劳动合同、退休等）机制，明确退出的条件和程序，确保员工退出机制得到有效实施。只有退出机制健全，退出条件和程序清楚，才能够防范和化解当前企业人力资源退出方面存在的诸多问题，使企业人力资源管理步入良性循环的轨道。

（二）基于内部管理决策需要，设计人力资源管理基本业务流程

新时代企业平台化的运行模式、专业化的服务、快速的响应等都需要管理者最大限度地整合企业资源、简化组织，支持企业满足客户需求。因此，产生了诸如合伙人机制等新型的组织形态，以最大限度地整合企业资源，实现企业内部的有效协同。为更好地顺应这一变化和需求，人力资源管理部门正在逐渐放弃传统的管理职能，打破人力资源管理各职能部门之间的界限，转型为基于业务导向的人力资源解决方案，为人力资源的引进与开发、使用及退出等提供决策有用信息。

1. 人力资源需求预测信息能否助力人才引进与开发

企业在人才引进与开发过程中离不开精确的人才需求预测及分析，不同类型的岗位特点需要匹配不同能力的人力资源，方能人尽其才。如在越来越扁平化的组织管理模式下，管理者领导力的构建与培养由传统的垂直领导力，即通过职务所赋予权力和企业制度等方式进行计划、组织、指挥、控制和协调等，逐渐转变成平行领导力，也就是在平等、非职权的状态下，用企业的愿景、使命和价值观、个人的情商与性格魅力、良好的沟通协调等方式推动团队向前发展并有效完成既定目标的领导能力，那么这种领导力的开发或者引进，是否能够按照岗位实际需求进行匹配，就需要通过任职资格通道的建立、任职标准的制订及任职资格认证流程的设计加以约束和完善。

177

2. 人力资源使用过程信息能否匹配业务考核的需求

俗话说："人不患寡而患不均"，在人力资源使用的过程中最重要的就是实现"公平分配"，从而充分调动员工积极性，而真正的公平不是平均主义，而是真正的多劳多得、少劳少得，如果不能胜任岗位需要就自动进入退出程序或重新匹配，而这样的"公平正义"要想真正实现就依赖于人岗匹配过程中的信息支撑。如生产班组中的员工在从事生产过程中的废品率、操作失误率、技术职称评聘等考核指标应当形成动态反馈机制，及时倒查主客观原因，帮助员工做好职业规划，同时实现人岗匹配的优化。

随着企业管理理念及模式的转变，如企业从传统的以 KPI 为核心转变为以 OKR 为核心的绩效管理模式；在员工激励方面从传统的以物质激励为主转变为激励与赋能并重，以此吸引和留住核心员工；在人力资源运营方面，从传统的注重极致的运营组织转变为服务型组织，让员工经历卓越的体验，让员工真正感受到他们是企业最重要的资源。新的管理决策需求需要获得更加全面、可靠的信息，这就要求在信息系统设计的时候充分考虑业财一体，实现信息流与绩效考核指标、人力资源流动相一致。

3. 人力资源退出环节信息能否规避有关法律风险

人力资源是主观性较强的资源，因此不确定性带来的管理风险也十分明显，人力资源退出主要包括员工主动离职的岗位缺失、核心商业信息流失风险及员工被动辞职后的诉讼及赔偿风险。由于涉及人的管理，生命健康、财产安全等切身利益的处理至关重要，这就需要在管理过程中掌握员工的基本身份信息之外，对人的品质、行为等也应当有相应的指标进行说明，为管理者做出合理解决方案提供有用信息。

二、人力资源管理的基本业务流程及内容的设计思路和方法

在市场竞争不断加剧的今天，对企业而言，数字化转型代表着变革与机遇。一方面，企业可以借助数字化创新，加快内部流程、业务模式等方面的变革；另一方面，企业通过变革逐渐转变为由数据驱动的组织，意味着企业决策和发展更具洞察力。企业不仅面对外部环境的不确定性带来的风险，更负担着高额的人力资源成本，对于企业的人力资源管理及决策来讲，人力资源数字化转型成为必经之路，构建一个智慧型的数字化人力资源体系成为必然。那么如何设计或选择一个适合企业的数字化人力资源系统就显得尤为重要。

根据上述设计思路，基于信息化、数字化转型的需要，设计人力资源管理基本业务流程。

人力资源管理基本业务流程包括两大核心模块，一是以战略为导向、以预算为准绳进行的人力资源规划制订，包括岗位需求、人才需求及薪酬匹配等内容；二是以人力资源规划执行为目标、以绩效考核为核心的人力资源管理运营，主要包括薪酬福利管理，人员管理，劳动关系管理，劳动政策法规，考勤时间管理，招聘、培

训管理等内容，包含了人力资源引进与开发、人力资源使用、人力资源退出的各个环节。企业要进行数字化转型离不开信息系统的构建，在人力资源子系统的构建过程中，应当注意将人力资源管理中沉淀的经营数据与生产制造、销售、财务等业务子系统进行信息一体化设计，这样在进行业务数据集成的过程中，数据将会自动匹配，生成决策有用的信息及报告。人力资源管理者可以通过比对数据库中的业务信息与考评信息，进行人、岗、薪酬的重新匹配，如生产人员的技术职称提升或操作合格率达到一定标准，系统会自动提示人员能力开发变动及相应岗位定级、薪酬变动标准；如果某岗位出现空缺，业务部门通过录入岗位任职标准，数据库能够自动筛选符合条件的人员信息，通过内部竞聘上岗或由外部引进人才，从而实现人力资源的动态优化配置，充分调动员工的积极性，最终实现预算目标，助力企业战略落地。企业可以参照图 6-1 人力资源管理基本业务流程设计图的设计思路，结合自身

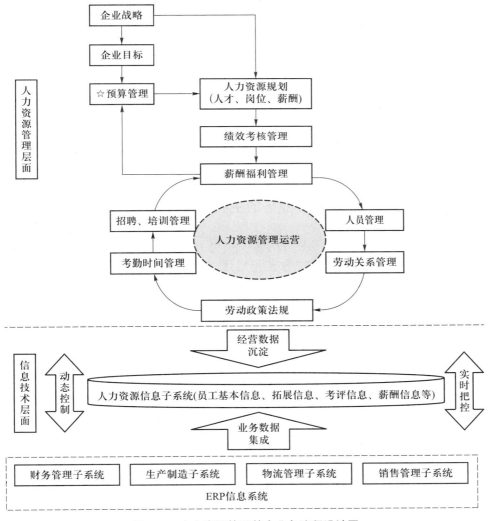

图 6-1 人力资源管理基本业务流程设计图

情况，设计具体的人力资源管理业务流程及内容。

边学边练

训练资料：华夏公司的人力资源部长期以来为服务企业生产经营管理提供人才支持计划，由于公司推进线上业务，需要引进大批设计、技术研发人员及线上销售推广人员，尤其是擅长直播带货的主播及具有直播平台开发与运营经验的技术和营销人员。华夏公司人力资源部一直秉持人才为本的理念，通过开放的人员招聘渠道为公司广纳英才，依托持续的内外部培训机制，为人才职业发展提供良好的平台；再结合实战 PK、户外拓展等团队项目激发员工竞争活力的同时培养了员工的团队意识。公司计划推行人力资源数字化转型，优化组织结构和人员岗位。

训练任务：请结合华夏公司人力资源管理业务内部控制及内部管理信息需求，及华夏公司的人才管理理念及数字化转型需要，设计、优化华夏公司的人力资源管理基本业务流程图。

任务二

人力资源引进与开发业务流程及内容设计

一、人力资源引进与开发业务的主要风险

企业在选拔高级管理人员和聘用中层及以下员工应当切实做到因事设岗、以岗选人，在遵循德才兼备、以德为先和公开、公平、公正的原则上避免因人设事设岗。

（一）高层管理人员引进与开发业务的主要风险

由于高层管理人员的引进与开发直接关系到企业的战略规划及营运成效，因此，对于企业招聘（提拔）的高层管理人员应关注应聘（被提拔）人员的履约资格和实际能力，特别是掌握企业发展命脉核心信息的高层管理人员，重点关注选聘（提拔）对象的价值取向和责任意识，避免新员工与企业文化不相融合，在选聘（提拔）人员试用期前实施岗前培训，首先要让新员工了解自己岗位职责的具体内容及企业的具体流程及相关的企业文化，对试用期考核达标的员工按《中华人民共和国劳动法》签订劳动合同，对掌握核心信息的高级管理人员要增加保密协议的签订，在遵循按劳分配、同工同酬的原则上，建立科学的员工薪酬制度和激励机制，不得克扣或无故拖欠员工薪酬，应建立高级管理人员与员工薪酬的正常增长机制，

180

切实保持合理水平，有利于人才的保持与公司的可持续发展。

（二）专业技术人员引进与开发业务的主要风险

企业可持续发展的关键在于核心竞争力的形成与巩固，而核心竞争力对于大部分企业来讲依赖于专业技术人员的创新与研发，因此专业技术人员的引进或开发需要格外的慎重。一方面应当考虑专业技术人员的能力及岗位胜任能力，一方面还要关注诚信、敬业等职业道德，如果是关键核心岗位，应当通过签订保密协议等契约方式防范技术与人才的流失给企业带来的风险。具体而言，风险包括企业可能会因为专业技术人才的流失承担已投入的教育培训费用、时间成本、员工学习期间企业支付的工资，员工离职后补充新员工进行上岗培训所增加的费用等开发成本，以及技术流失带来的新技术研发成本或者竞争成本的上升。

（三）一般员工引进与开发业务的主要风险

一般员工是指不占据关键技术岗位及管理岗位的员工，由于岗位需求量较大，企业在引进与开发过程中会存在批量培训、批量上岗的情况，同样也会存在员工流失的风险。人的心理活动、自我价值的追求等主观因素很大程度上会造成一般员工的流动性，企业因此会承担额外的培训费用、工资等开发成本；如果是例外招聘，则可能存在"人情招聘"等现象，导致人岗不匹配，造成人力资源的闲置浪费，给企业带来较大风险。

二、人力资源引进与开发业务提供的信息

人力资源引进与开发一定要与企业的战略导向一致，人才的能力、专业技术水平等应当符合企业的长期规划，形成企业可持续发展的动力。基于薪酬与绩效的预算管理，人力资源管理需要在科学的预算约束下进行资源配置，实现有效的薪酬激励，防止不合理的绩效分配及超预算薪酬承诺带来的风险。企业一方面应当尽量开发和优化内外部资源获取的渠道，一方面应当通过预算系统统筹资源在各部门、各人员及岗位之间的分配，实现多劳多得、少劳少得、优劳优得，激发员工的积极性、主动性和创造性。人力资源引进与开发提供的信息主要有以下几方面。

（一）高层管理人员引进与开发业务应提供的信息

1. 工作履历

由于工作履历是人力资源获取过程中的基本信息，在一定程度上可以描述选聘对象的职业成长路径，通过对工作履历的解读，企业应当获取选聘对象姓名、年龄、职称及执业能力、求职意向、人际交往、商业技能、从业经历及离职原因等信息，帮助企业评估其综合管理能力和岗位胜任力。

2. 工作成果

高层管理者的引进与开发关系到企业的未来发展，企业应当重视选聘对象的工作成果，重点关注其行业相关的从业经历及相应取得的工作业绩，并尽可能得到相关的佐证信息。

3. 价值认同

高层管理者对企业的价值认同非常重要，只有高层管理者与企业的价值认同一致才能在企业战略的规划及执行过程中充分发挥协同效应，最大可能留住高层管理者并为企业持续发展作出贡献。

（二）专业技术人员引进与开发业务应提供的信息

1. 技术职称

专业技术人员作为典型的知识、技能型员工，对其专业技术职称及执业能力有较高的要求，因此，在选聘专业技术人员时要十分重视其技术职称的获取情况，同时关注其实操能力，客观评估其技术技能水平。

2. 技术专利

对于研发型专业技术人才，需要同时获取其技术专利或研发成果信息，同时应当取得权威认证，如果本企业自行开发专业技术人才，可通过人力资源信息系统获取多方位的评估指标，尤其关注培训与学习的经历，成果形成路径是否具有可复制价值。

3. 价值认同

专业技术人才是企业核心技术的掌握者，企业价值认同对于他们来讲至关重要，企业引进或开发专业技术人才过程中应当针对其从业时间、自我评价及同行评价等方面获取有关信息。

（三）一般员工引进与开发业务应提供的信息

1. 工作履历

一般员工的引进或开发过程中，信息获取主要集中在学历认证、求职意向、工作经历等信息，重点应当关注选聘人员可持续的学习及提升能力。

2. 能力评估

一般员工岗位需求量可能会很大，很多企业"撒网捞鱼"的招聘模式多数情况下不能做到很好的人岗匹配，往往需要通过长时间的轮岗、考核才能最终定岗，但是这样会浪费很长的时间且可能出现企业想要的人才不一定愿意留的情况，很多毕业生尤其是应届毕业生存在"骑驴找马"的心理，因此企业应当尽可能在招聘前作好规划，同时对选聘人员的能力进行评估，精准匹配人岗需求，通过签订违约协议、优化上升渠道等方式留住人才。

3. 价值认同

一般员工的引进更重要的是为企业储备人才，为企业未来的发展积蓄力量。这就要求企业在引进过程中充分重视选聘人员的职业发展规划，企业应当尽可能引进那些有想法、有追求的年轻人，尤其是与企业的价值认同一致的年轻人，这样才能实现企业人才引进的目标。

企业应该能够通过人力资源引进与开发流程的运行，获得以上信息。

三、人力资源引进与开发业务流程及内容的设计思路和方法

企业在设计人力资源引进与开发业务流程时应当遵循不相容职务相分离的原则，具体体现在不相容机构、岗位、人员的相互分离和制约，无论是在人力资源需求预测、人才招聘、开发等环节做到职务回避，还是在考核监督环节，部门与部门、员工与员工之间以及各岗位之间应形成互相验证、互相制约的关系，从纵向来说，至少要经过上下两级，使得下级受上级的监督，上级受下级的牵制，从横向来说，至少应当经过两个不相隶属的部门或岗位，使一个部门的工作或记录受另一部门工作或记录的牵制。

人力资源引进与开发业务流程及内容设计

当然，人力资源配置实现最优化，关键还在于对人才的需求和供给"心中有数"，这就要求企业做到资源配置的科学合理，更离不开精准的信息支持。人力资源管理在信息供给上要求更全面，管理者只有充分获取员工的信息才能在职务晋升、岗位调动、人才引进、福利分配等方面做到尽可能的公平有效，这要求管理者应当从尽可能多的渠道获取员工信息，不断积累、沉淀，做到人岗匹配和积极赋能。

因此，在人力资源引进与开发过程中，人岗需求的科学预测就成为关键。

（一）人力资源规划（人岗需求预测）流程

人力资源的需求预测是人力资源管理的起点，应当坚持战略导向的同时结合预算管理，制订人力资源战略目标，各部门通过战略目标的分解提出人力资源需求，再由人力资源管理部门汇总各部门需求计划，通过市场调查、分析、讨论，形成预测报告，经人力资源总监、总经理审核、批准后编制员工招聘计划，再经人力资源总监、总经理审批后开始执行。人力资源需求预测流程设计图见图 6-2。

（二）人力资源招聘（外部引进人才）流程

在人力资源引进与开发过程中应当结合人力资源开发的信息需求及相关岗位风险的规避原则，通过业务流程设计，完善资源配置，达到人岗匹配的最优化。人力资源引进过程中主要涉及三种业务：入职申请的筛选、入职申请的审批及入职通知的下达。入职申请的筛选主要由人力资源招聘管理专员通过自身专业知识和职业判断进行，根据入职人员级别的不同及招聘岗位的要求不同，结合企业实际情

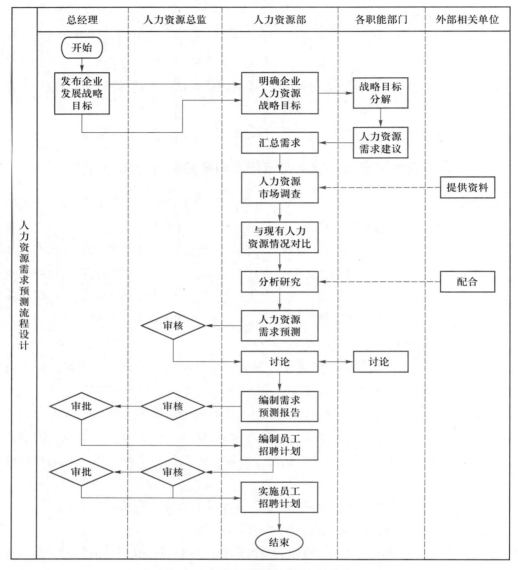

图 6-2 人力资源需求预测流程设计图

况，应当通过不同程度的授权，经过用人部门直属领导审核、人力资源总监审核或者有关执行委员会审批，并由人力资源部门招聘专员下达最终的入职结果。结合大中型企业人力资源引进与开发常规业务实践，人力资源引进业务流程设计图如图 6-3 所示。

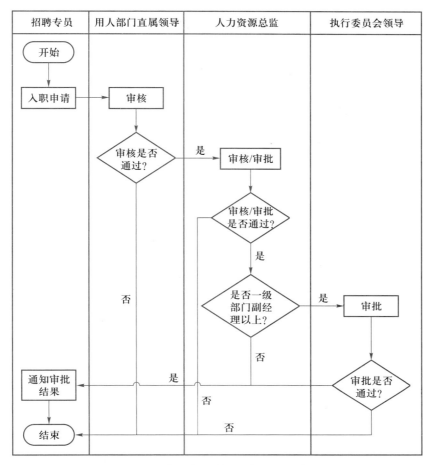

图 6-3　人力资源引进业务流程设计图

（三）人力资源开发（内部竞聘上岗）流程

在人力资源开发过程中更侧重的是企业内部人员潜力的发掘并进行相应的岗位调动。如果是同一部门不同岗位之间的调动，则直接经过部门申请，由人力资源部领导审核同意即可下达调动结果；如果是不同部门岗位之间的调动，在调动前部门提出员工调动申请后，绩效负责人提供考核信息和调动建议，再由调动后部门领导进行审核才能报送人力资源部门进行批复，并由人力资源专员向员工通知调动结果。人力资源开发业务流程设计图如图 6-4 所示。

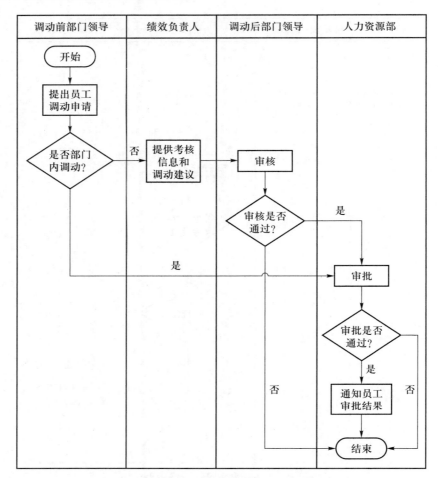

图 6-4 人力资源开发业务流程设计图

四、人力资源引进与开发业务表单设计

基于人力资源引进与开发过程中的信息需求及岗位任职能力需要，表单设计应当充分考虑信息提供与内部控制设计，同时与信息系统的统计口径一致，实现规范化、标准化、流程化，本任务重点设计招聘及内部岗位调动的表单及流程开发。

（一）设计思路

人力资源引进与开发过程中，无论是外部招聘还是内部竞聘，最大的需求就是实现较为精准的人岗匹配。因此，在数字化信息系统中，企业应当尽可能将岗位需求的能力进行量化（任务三后附财务部门各岗位重要性程度参考表），然后基于人力资源管理人员的经验判断，对品质、价值观进行持续观测、记录，结合薪酬考核的结果，进行相应的人岗匹配度分析，最终依据匹配度量化结果给出引进与否的建议。

（二）设计样式

人力资源管理要充分考虑岗位任职能力及品质的需要来进行科学合理的资源配置，尽可能实现人岗匹配的最优化，人力资源管理的数字化转型为此提供了可依赖的路径，依托大数据技术及业财一体化的设计理念，及时、全面的人力资源能力分析、岗位匹配成为可能。报表在内容上要求做到全面、可靠，形式上应当符合可视化呈现要求。人力资源引进与开发业务管理报表如表6-1所示。

表6-1 人力资源引进与开发业务管理报表

岗位需求计划	岗位能力要求			薪酬预算标准	人力资源能力分析			人岗匹配度预测（量化）	人力资源引进建议
	能力（量化标准）	品质	价值观		能力（量化标准）	品质	价值观		
部门A岗位1	执行力、商业技能、领导力							95%	高度契合
部门A岗位2	人际交往							70%	基本符合
部门B岗位1	组织力							80%	基本符合
……									

✏ 边学边练

训练任务：结合华夏公司人力资源管理业务内部控制及内部管理信息需求，完成以下任务：

（1）绘制华夏公司人力资源招聘业务流程图；

（2）为华夏公司设计人力资源引进与开发业务管理报表。

🔧 大赛直通车

人力资源招聘流程设计的逻辑步骤：

（1）首先在平台中完成相应的表单设计，人力资源招聘流程中涉及的表单主要是用人计划表和录用通知，通过新增表单，进行系统表单选择完成设置，单击保存，如图6-5和图6-6所示。

图 6-5　"新增表单"操作图

图 6-6　"表单设置"操作图

（2）在平台中打开"新加流程"界面，输入流程名称：人力资源招聘流程，见图 6-7。

图 6-7　新加流程图

（3）单击"人力资源招聘流程"名称，出现流程设计画布。画布中有诸如"开始""业务发起""业务操作""审批任务""开具发票""索取发票""生成凭证""审核凭证""结束"等流程符号，流程设计时需使用这些流程符号，见图6-8。

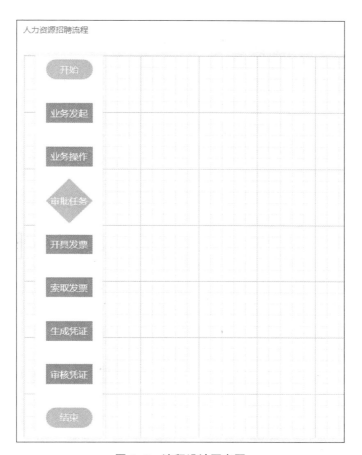

图 6-8　流程设计画布图

（4）人力资源招聘流程设计使用"开始任务""业务发起""审批任务""结束"4个流程符号。首先拖拽"开始"到画布上；然后进行"业务发起"的操作，对"任务属性"进行修改：任务名称——人力专员汇总用人计划表；发起人类型——指定角色；选择发起人——人力专员；选择表单——用人计划表。"用人计划业务发起"设计操作图见图6-9。

（5）根据企业人员招聘业务管理制度的规定，对招聘流程设置对应的审批节点，即由人事经理审批。审批需要对任务属性进行设置，如任务名称为"人事经理审批"，执行人类型为指定角色，选择执行人为人事经理。"业务审批"设计操作见图6-10。

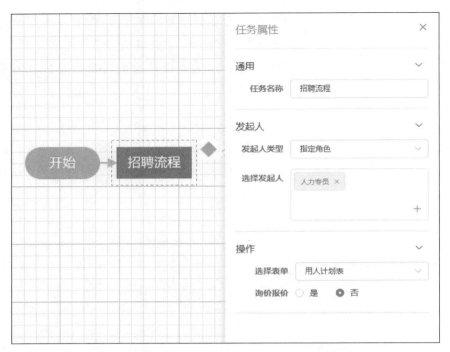

图 6-9　"用人计划业务发起"设计操作图

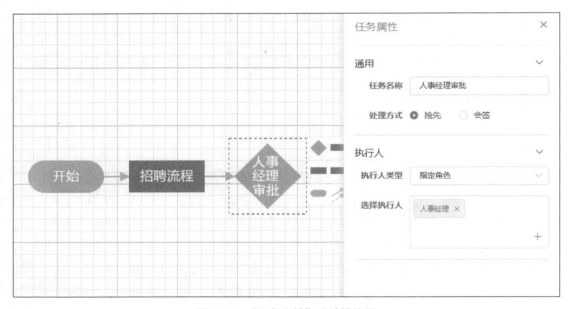

图 6-10　"业务审批"设计操作图

（6）录用通知业务发起操作。用人计划审批表通过审批后，通过线下组织招聘、面试，然后通过线上进行录用通知的发放。通过"业务操作"模块并进行相应的"任务属性"设置。"录用通知业务发起"设计操作图见图 6-11。

190

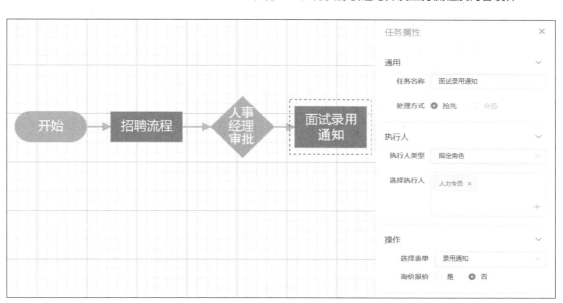

图 6-11 "录用通知业务发起"设计操作图

（7）由于"面试录用通知"提交后应当由人事经理、人力资源总监进一步审批，因此需要再执行两次审批任务。"审批录用通知业务"设计操作图如图 6-12 所示。

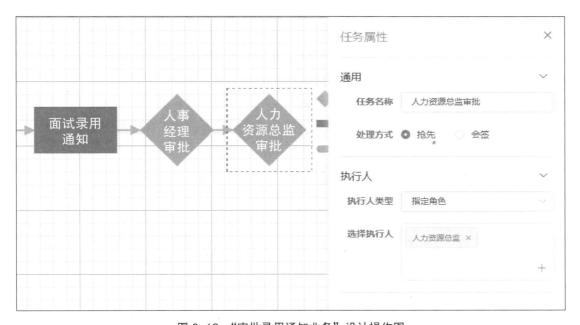

图 6-12 "审批录用通知业务"设计操作图

（8）人员招聘任务结束，点击"结束"按钮，然后"保存流程"和"发布流程"。

?／提示

其他人力资源管理业务流程的设计同理。

人力资源使用业务流程及内容设计

一、人力资源使用业务的主要风险

在人力资源的使用过程中，会存在各种风险，主要有人力资源激励约束制度不合理、关键岗位人员管理不完善导致人才流失、经营效率低下；关键技术、商业秘密和国家机密泄露等。因此必须针对人力资源使用过程中存在的风险，采用有效的预见性措施，有效控制各种风险，确保人力资源管理的效率和效果。

（一）高层管理人员使用业务的主要风险

高层管理人员是按照现代委托代理机制所雇佣的受托代理人，其与企业所有者之间建立的是一种委托代理关系，委托人在代理人完成约定时，支付约定的报酬，激励代理人尽其忠实勤勉的义务，为企业创造价值。高层管理人员在使用过程中主要存在以下风险：

（1）当自身需求上升到主导地位并与委托人的需求相悖时，可能引发代理人的越轨行为，出现管理风险，如股权激励机制等，美国安然公司财务造假的产生就是高层管理人员为获得高额股权激励而导致的；

（2）企业制度本身存在缺陷，对企业高层管理人员缺乏有效的激励与约束，使得企业高层管理人员将非正常行为正规化、合法化，导致高层管理人员以权谋私，带来侵占、挪用企业资产的风险。

（二）专业技术人员使用业务的主要风险

企业的专业技术人员是企业的核心生产力之一，其对企业具有非常重要的意义。专业技术人员在使用过程中的风险主要有：

（1）与企业的文化、价值观不一致，导致专业技术人员离职；

（2）由于企业的待遇与个人的诉求有差距，被竞争对手高薪猎走；

（3）专业技术人员掌握的技术过时，不能及时进行产品、技术的更新，导致企业失去竞争力；

（4）专业技术人员泄露企业商业秘密和国家机密等。

（三）一般人员使用业务的主要风险

一般人员在使用过程中的主要风险包括岗位胜任风险、管理风险和流动风险。

（1）岗位胜任风险主要针对员工的知识、能力与岗位需求的匹配风险，一旦员工的能力与职位要求不符，或者达不到岗位要求，会给企业带来一定的损失。

（2）管理风险则是由于一般人员的需求量大、审核工作繁重产生的，在管理过程中可能存在"人情管理"或管理疏忽，导致员工的不满或抱怨，影响工作效率。

（3）流动风险是由于一般人员的岗位重要度偏低、"僧多粥少"会导致晋升竞争激烈，最终可能因为与职业预期不符、竞争失败等因素流失部分人才，导致企业管理信息、模式等泄露的风险。

二、人力资源使用业务提供的信息

人力资源的使用最终是为企业各项业务活动、职能活动的开展提供服务的，因此什么样的业务需求就需要匹配什么样的人才，才能将人力资源价值发挥到最大。因此在设计有关业务流程时，应当遵循业务导向原则，具体要求企业首先做好在业务流程中的组织管理，基于业务活动进行人力资源规划编制、人岗匹配；其次是尽可能分解、细化业务模块，有利于设计便于公平考核、上下衔接的绩效评价指标，保障员工在职级职务的调整、职称的评审等方面可以实现分岗升降、混岗内部竞聘等灵活的人岗匹配。由于人力资源使用业务需要的信息主要以实现业绩评价和激励管理过程中各要素的管理功能为导向，一般包括业绩计划和激励计划的制订、业绩计划和激励计划的执行控制、业绩评价与激励实施管理等，为企业的绩效管理提供决策支持。

（一）组织管理信息

组织管理业务是基于企业人力资源规划进行的顶层设计，需要提供的信息包括人力资源管理组织架构、岗位设置、人岗匹配度分析等，主要是人力资源部门的管理信息。

（二）人事管理信息

人事管理信息主要针对在人力资源使用过程中的基本信息，涉及企业全部业务、职能单位人员。具体包括以下信息：

（1）人员基本信息，包括人员简介、人员身份信息、身份证信息、学习经历、通信、家庭成员、家庭住址等；

（2）特定人员信息，如职务级别、技术职称、项目成效等特定信息；

（3）劳动关系信息，包含工作经历、入职情况、合同等信息；

（4）考勤及薪酬信息，如工资薪级、奖金福利、保险基数、银行细目、考勤信息等；

（5）保险及公积金信息，如各险种扣款比例、社会保险、医疗保险、住房公积金等流程相关信息；

（6）其他辅助信息，如计划生育信息、通勤方式信息、家庭变故信息、住房分配信息等。从员工入职到离职或退休的全职业周期信息均可以查到，历史变动数据也全部保留在系统中，以便查询分析历史资料。

（三）薪酬管理信息

薪酬管理关系到每个员工的切身利益，信息提供必须做到精益求精，分毫不差。薪酬管理信息主要包括不同类别员工的工资结构，如员工所属编制体系，是岗位系数工资制、年薪制，还是非在岗薪酬制度、其他薪酬制度，员工所在岗位、所处薪资等级、考勤数据及单位绩效数据。因此在设计系统时可依据不同的薪资发放对象、计薪周期、发薪日设定多样性的工资项及薪酬运算规则，为每个员工建立详细的工资及奖金台账并沉淀信息。

（四）考勤管理信息

考勤管理信息是企业进行薪酬核算的重要依据，考勤管理中应当提供的信息主要是不同薪资结构下不同岗位、不同职级（职称）、不同部门人员的日常到岗情况、缺勤（包括病假、事假、产假、婚假等）、加班、误餐、差旅、年假等情况，并根据公司的考勤管理规定计算工资的扣发金额、补发金额等。

人力资源使用涉及全企业全员全职业周期的信息，在以人为本的管理理念指导下，应当获取尽可能充分的信息，以便了解和掌握有关人员的基本身份信息与特定信息、薪酬与绩效信息、内部信息与外部信息、个人信息与家庭信息，在人员任免、薪级调整、岗位调动过程中发挥重要作用。

三、人力资源使用业务流程及内容设计思路和方法

基于人力资源管理对象的特殊性，企业应当针对不同类型的人员进行分类管理，并设计不同岗位、不同人员的互相监督和牵制流程，形成同一业务信息至少在同级两部门和上下三职级的审核下才能进入数据库，同时要求在人事管理人员的任用上尽可能做到职务规避，避免有关联关系的人员任职，切实保障员工数据信息的可靠性。

同时应当注意，流程设计的复杂度越强，其风险管控能力就越强，但是如果获取信息的价值与取得信息的成本相差太大，就得不偿失了，因此在业务流程设计过程中应当关注成本效益，不断优化信息获取的途径以及流程的设计，具体业务内容及流程如下。

（一）组织管理

组织管理包括组织机构管理、岗位管理、定员管理、人力资源规划计划、劳动

生产率计划考核以及劳务用工管理。人力资源使用会生成相应的业务数据，基于人员的归口管理及预算控制，首先应当通过组织架构设计，对企业过去的、当前的、未来的组织、岗位进行科学有效的记录和图形化展示，明确什么部门设置哪些岗位，每一个岗位由谁来胜任，同时对照人力资源需求规划，监控各级单位缺编、满员、超编情况并预警，为进一步优化编制的设置、整合提供参考依据，实现对所有组织结构、定员、岗位等进行维护和查询，人力资源部可以随时掌握整个企业岗位情况。

（二）人事管理

人事管理应当统一全企业的业务流程来管理员工全生命周期，通过搭建企业层面统一的人事架构，针对不同类型的员工设置不同考核体系，构建相关考核指标，为人员结构优化提供数据支持；管理不同类型的员工信息，实现全企业人员信息的记录和追踪，完整记录员工在职期间的各项人事异动情况；智能监控试用期、劳动合同到期、工作签证到期等业务场景，到期前自动提醒，降低法律风险；统一全企业的报表统计口径。

（三）薪酬和考勤管理

通过薪酬核算功能，自动实现薪酬、住房公积金、社会保险、医疗保险及个人所得税的计算，做到信息共享、环环相扣，同时依据劳动法及企业规章，定义不同工资类型以满足各单位个性化的薪资需求，实现工资总额按区域管理路线逐级下达到最小管控单位，实际支出的工资结果自动按下达路线逐级汇总到企业总部，自动生成各类薪资分析报表和法定报表，实现薪资福利核算自动化并与流程集成，最后将人员效益体现到工资结果中，依靠系统保证薪酬核算信息的准确性及高效性，人力资源部门和业务管理部门应当结合预算，对各部门、各岗位人员薪酬信息做到心中有数。

考勤管理关系到员工的薪资，可依据考勤管理规定，定义不同缺勤类别；可按照年资计算基准自动生成年假配额；可依据员工刷卡记录比对异常状况，核查追踪员工出、缺勤是否正常，统计员工出、缺勤数据，并提供各类考勤分析报表。

（四）招聘与培训管理

招聘主要按照组织管理确定好的招聘需求及计划进行招聘信息的管理以及具体录用流程的制订与执行，是人力资源进入企业的重要关卡；而后续员工的成长离不开企业按照合理的用人计划开展相应的培训，这就要求对培训计划以及实施进行全程动态跟踪管理，从而确定人员能力与岗位要求的适配度。

人力资源使用业务涉及企业全体人员的整个职业周期，因此在设计人力资源使用业务流程时应当充分重视业务和数据的协同，发挥信息联动作用，如图6-13所示。人力资源使用系统最终展现在人力资源管理部门的子系统中，但是各部门业务层生成的信息将会沉淀到业财共享的人力资源管理数据库中，员工在整个职业周期内发生职称、职务、岗位等的变动会自动关联薪酬核算，并通过与预算相对比，生成差异分析报告，有利于人力资源部门优化管理模式。图 6-14 以人事管理中的职称升级业务为例，展示流程设计的具体思路。

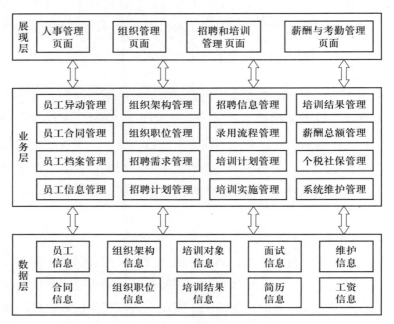

图 6-13　人力资源使用业务设计思路图

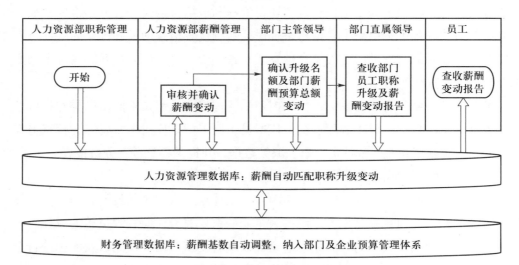

图 6-14　职称升级业务流程设计思路图

　　注：图 6-14 中员工可输入个人主页升级信息并查询公司所有相关信息，任何人不可修改系统数据，只能在员工输入的基础信息上进行增加，充分保障员工的利

益；不同部门领导及人事管理部门人员除相关人事管理授权以外，也均有作为普通员工的权利，如部门直属领导一般可调阅权限内员工信息档案，并将审核意见输入信息系统，也可以作为普通员工进行职称升级，部门主管领导应当具备主管部门人员编制规划和部门信息维护的权限，可调阅权限内信息及输入意见和建议，同时也享有普通员工的权利，人力资源部门人员应当分工完成信息审核、入库、档案保管，做到不相容职务相分离，同时也具备普通员工的权限。

职称升级是所有企业都会遇到的业务，传统的职称升级过程中会掺杂较多人为评价因素，经过业财一体化信息系统的设计，会将每个技术系列职称空缺名额及升级所需条件自动匹配到员工端，只要员工符合职称晋升年限，系统会自动弹出提示信息，督促员工输入职称升级所需的条件信息并上传相应佐证材料；经部门直属领导审核的佐证材料信息会自动进入人力资源管理数据库，由部门主管领导根据职称升级条件及部门升级名额规划进行分析、评价，输入通过或否决的理由，最终提交到人力资源管理部门，由职称管理专员根据数据库自动匹配情况，即哪些人员符合哪几项条件，综合部门直属领导、部门主管领导建议，生成专属职称升级报告，通过官方邮件反馈到部门和员工，并将职称升级情况实时更新。每个员工均可查询本系列职称每日升级情况，不仅可以清楚地知道自己升级或不升级的原因，还可以对比自己的优势、劣势，找到提升自己的方向和路径。当然，如果员工对收到的升级结果不满，可以提出申诉，并提供充分的佐证材料，人事管理部门会根据实际情况进行研判，必要时启动人事监管流程，对职称升级情况进行第三方审查。与职称升级业务关联的业财一体薪酬管理流程设计图如图 6-15 所示。

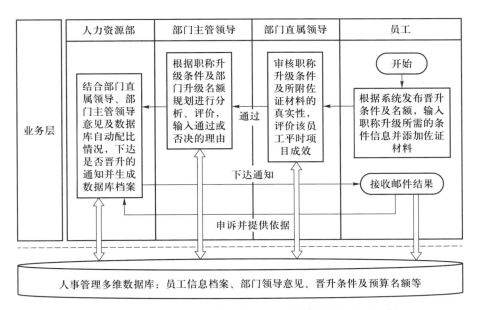

图 6-15　与职称升级业务关联的业财一体薪酬管理流程设计图

当人力资源部确认职称升级情况之后，数据系统会自动匹配该职称的薪酬变动，在人力资源部门确认薪酬变动符合单位政策后，一方面财务部门通过人力资源管理数据库接口进行信息交互，并按照新的薪酬基数从下一个工作月开始自动计发，员工可通过个人主页查询薪酬变动报告获取最新薪酬变动信息及薪酬政策解析；另一方面部门直属领导和主管领导则需要将职称升级信息和薪酬变动信息进行确认，减少部门有关升级名额和总薪酬的预算，做到心中有数。

图6-15和图6-16解释了由于职称升级业务导致的薪酬变动及核算流程，不难发现，依托充分的业财一体化设计，可以规避在人力资源使用过程中人为因素导致的风险，通过用数据说话、直接与员工对话的形式，减少员工在职业周期中的信息不对称，提高信息的公开性、公平性，有利于制度的落实和人力资源的有效配置。

头脑风暴

小组内分工完成其他人力资源使用业务流程设计图，并跟同组小伙伴们分享自己的思路，看看是否有可以改进的地方，集思广益，共同进步。

四、人力资源使用业务表单设计

根据内部控制和管理需求，企业通常需要设计各类量表，获取充分的信息。本部分内容将摘取人力资源使用过程中常用的业务表单进行讲解。

（一）设计思路

1. 业绩评价表

由于不同单位的业绩考核要求不同，不同岗位系列的考核项目及任务的计分情况也不同，因此业绩评价表的设计也千差万别。一般情况下，每一个岗位都分为基本任务和增值任务，根据企业具体的考核量化政策，进行相应的设计，但是要与信息系统的数据提取规则一致。

2. 薪酬核算表

薪酬管理是业财一体化设计过程中打通人力资源管理与预算管理数据的重要接口，薪酬管理的重要部分就是薪酬福利相关流程的标准化。合理的薪酬福利业务流程能够保证薪酬福利的公平性、公正性、公开性和合法性，标准的薪酬福利财务流程有利于提高财务人员的处理效率，降低财务风险，因此标准的业财一体化薪酬管理信息就需要标准化的薪酬核算表单设计。薪酬主要是企业给员工发放的工资和缴纳的社保及公积金。社保及公积金通常是公司依法为员工缴纳的"五险一金"。

3. 考勤管理表

考勤管理关系到业绩考核及薪酬核算等重要内容，是人力资源管理最基本的职责范围，主要包括请假、打卡、加班、出差等信息。

4. 岗位调动申请（报告）表

在企业日常人力资源管理过程中，为了更好地实现人岗匹配，岗位调动时有发生，在业财一体化的设计过程中，岗位调动一方面会结合个人申请，另一方面会匹配各工种系列的编制设置规划及预算控制。

5. 绩效评价表

业财一体化设计的人力资源管理信息系统应当具备实时生成企业人力资源使用业务个性化决策报告的能力，如个人级、部门级、企业级的考勤报告，个人级、部门级、企业级的职称升级报告，个人级、部门级、企业级的薪酬核算报告等，不同权限可以获取不同级别的管理报表，其中最重要的是绩效评价表。绩效评价表一般根据不同考核体系生成人力资源使用全过程考核信息及预算差异分析信息。

（1）全过程考核信息。不同部门根据员工的具体任务完成情况并结合企业的有关考核政策，为每一位员工进行自动赋值，将基本任务、增值任务清单及相对应的得分进行统计，自动结合考勤信息进行薪酬计算，同时体现不同时间段的绩效评价结果。

（2）预算差异分析信息。由于不同级别的管理层，根据业绩计划和激励计划制订的输入信息（一般包括企业及各级责任中心的战略关键绩效指标和年度经营关键绩效指标，以及企业绩效评价考核标准、绩效激励形式与条件等基础数据），通过构建指标体系、分配指标权重、确定业绩目标值、选择业绩评价计分方法以及制订薪酬激励、能力开发激励、职业发展激励等多种激励计划，输出各级考核对象的业绩计划、绩效激励计划等，然后通过业绩计划和激励计划的执行控制主要实现与预算系统与各业务系统的及时数据交换，实现对业绩计划与激励计划执行情况的实时控制等。业绩计划和激励计划的执行控制的输入信息一般包括绩效实际数据以及业绩计划和激励计划等。企业应建立指标监控模型，根据指标计算办法计算指标实际值，比对实际值与目标值的偏差，输出业绩计划和激励计划执行预算差异信息等。

（3）人力资源使用综合管理报告信息。业绩评价和激励实施管理主要实现对计划的执行情况进行评价，形成综合评价结果，向被评价对象反馈改进建议及措施等。业绩评价和激励实施管理的输入信息一般包括被评价对象的业绩指标实际值和目标值、指标计分方法和权重等。企业应选定评分计算方法计算评价分值，形成被评价对象的综合评价结果，输出业绩评价结果报告和改进建议等。绩效评价表的格式会随着评价主体和评价级别的不同而略有区别。

（二）设计样式

1. 业绩评价表样式

业绩评价表如表 6-2 所示。

表 6-2　业绩评价表

使用部门：　　　　　　　　　　　填报时间：　　　　　　　　　经办人：

姓名	工号	岗位日常任务	岗位日常任务计分小计	岗位增值任务	岗位增值任务计分小计	计分合计
张三	001	到岗情况		加班 / 请假情况		
		业绩完成情况		超额业绩情况		
		业绩完成相关任务情况		职称、职级升级变动情况		
		…		…		
…	…					

总经理：　　　人力资源总监：　　　部门主管领导：　　　部门直属领导：

2. 工资发放表样式

工资发放表如表 6-3 所示。

3. 考勤管理表样式

考勤管理表如表 6-4 所示。

表 6-3　工资发放表

编制单位：
工资月份：　　　　　　　　　　　　　　　　　　　　年　月

序号	姓名	工号	部门	职务	基本工资	在职天数	应发工资					应扣工资				实发工资	领款人签章	备注
							工资	绩效奖金	补助	其他	合计	社保	个税	其他	合计			
			合计															

制表人：
制表日期：
财务总监：　　人力资源总监：　　部门主管领导：　　部门直属领导：　　经办人：

表 6-4　考勤管理表

填报日期：　　　　　　　　　　　　　　　　　年　月

序号	姓名	工号	部门	当月请假情况				当月加班情况				到岗天数
				请假时间	请假天数	请假类型	薪酬扣发额	加班时间	加班天数	加班类型	薪酬加计额	

人力资源总监：　　部门主管领导：　　部门直属领导：　　填报人：

注：虽然表6-4中注明的填表日期是某年某月的汇总情况，但在业财一体化的信息系统中每个人每日的考勤情况是根据打卡机、人脸识别等终端实时传输并进行记录的，每位员工的缺勤和加班情况也会以部门为单位进行月报，实时统计。

4. 岗位调动申请（报告）表样式

岗位调动申请（报告）表如表6-5所示。

表 6-5　岗位调动申请（报告）表

姓名	工号	政治面貌	职称	现职务	目标部门	目标岗位
个人简历						
调动说明					签名：　　　年　　月　　日	
原部门意见					签名：　　　年　　月　　日	
目标部门意见					签名：　　　年　　月　　日	
人力资源部门意见					签名：　　　年　　月　　日	
总经理意见					签名：　　　年　　月　　日	

申请部门：　　　　　　　　　　　　申请时间：　　　　　　　年　　月　　日

应当注意的是，该表格显示的信息在业财一体化设计的系统中是高度集成化、层次化和决策个性化的，不同部门、不同层次的管理者可以通过选择信息需求模块，做出岗位调动、职称升级等个性化决策。

5. 绩效评价表样式

绩效评价表如表6-6所示。

表6-6 绩效评价表

使用部门：　　　　　　　　　　　　　　　　　　　填表时间：　　年　月　日

（团队/个人）姓名	工号/项目编号	基本任务计划完成情况	基本任务实际执行情况	增值任务计划完成情况	增值任务实际执行情况	岗位重要性程度	考勤管理信息	薪酬核算结果	绩效评级结果	绩效发放情况

总经理：　　　　　人力资源总监：　　　　　部门主管领导：　　　　　部门直属领导：

绩效评价结果是人力资源管理的重要依据，评价表在设计时应当充分考虑岗位、项目的具体要求，对考核内容进行科学量化（每个企业应当按照不同部门岗位重要性程度设计合理的量表），从而在任务完成的基础上乘以岗位重要性程度的系数进行绩效的计算，结合岗位系列进行自动评级并最终发放绩效奖金，实现真正的多劳多得，优劳优得。表6-7是财务部门在业财一体化信息系统构建的基础上，制作的岗位重要性程度参考表。

表6-7 岗位重要性程度参考表

能力类型		共享服务中心总经理	共享服务中心副总	核算组长	运营保障组长	总账核算组长	费用成本组核算岗	应收/应付组核算岗	运营保障岗	资金结算组结算岗	资金结算组银行外勤岗
核心能力	客户导向	2	2	2	2	2	2	2	2	2	2
	精诚协作	3	3	2	2	2	3	2	2	2	2
	积极进取	3	3	3	3	2	3	2	2	2	2
	立足创新	2	2	2	2	2	2	2	2	2	2
	求真务实	4	4	4	3	3	3	3	3	3	3
	正直诚信	4	4	4	4	3	3	3	4	4	4

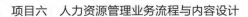

续表

能力类型		共享服务中心总经理	共享服务中心副总	核算组长	运营保障组组长	总账核算组组长	费用成本组核算岗	应收/应付组核算岗	运营保障岗	资金结算组结算岗	资金结算组银行外勤岗
通用能力	组织认知	3	3	2	2	2	2	2	1	1	1
	个人管理	2	2	2	2	2	2	2	1	1	1
	绩效导向	2	2	2	2	2	2	2	2	2	2
	可靠性	4	4	4	4	4	4	4	4	4	4
	口头沟通	3	3	3	3	2	2	2	2	2	2
	书面沟通	3	2	3	3	2	2	2	2	2	2
	人际交往	3	2	2	2	2	2	2	1	1	1
	谈判能力	2	2	2	2	1	1	1	1	1	1
	领导力	3	2	2	2	1	1	1	1	1	1
	团队管理	3	2	2	2	2	2	2	1	1	1
	员工管理	3	3	2	2	2	2	2	1	1	1
	分析/解决问题	3	3	2	2	2	2	2	1	1	1
	计划能力	4	3	3	2	1	1	1	1	1	1
专业能力（业务）	数理能力	4	3	4	2	3	3	3	2	2	2
	基础会计	4	4	4	2	4	3	3	3	3	2
	交易结算	3	3	3	2	2	3	4	2	2	2
	现金管理	2	2	3	2	3	3	3	1	3	3
	资产管理	2	2	3	1	3	2	2	1	2	1
	税务管理	4	4	3	2	2	2	2	2	2	1
	财务核算	4	4	4	2	3	2	1	2	2	1
	财务报告	4	4	3	1	3	4	2	2	2	1
	预算管理	3	3	4	1	3	2	2	2	2	1
	风险管理	3	3	3	1	3	3	3	1	3	2
	薪酬核算	3	3	3	2	3	2	2	1	2	1
	融资管理	3	2	2	1	2	2	2	1	2	1
	投资分析	3	2	2	1	2	2	1	2	2	1

续表

能力类型		共享服务中心总经理	共享服务中心副总	核算组长	运营保障组组长	总账核算组组长	费用成本组核算岗	应收/应付组核算岗	运营保障岗	资金结算组结算岗	资金结算组银行外勤岗
专业能力（运营保障）	业务流程	3	3	3	4	3	3	3	3	3	2
	信息系统运维	2	2	2	4	2	2	3	2	2	1
	市场推广与宣传	3	3	2	2	2	3	2	2	2	1
	客户服务	3	3	4	4	3	3	3	3	3	2
	投诉处理	3	4	4	4	3	3	3	3	3	2
	组织绩效	4	3	3	4	2	1	1	2	1	1
	质量管理	4	4	3	4	3	3	3	3	2	2

注：表中数字越大越重要，最大值为5。

✎ 边学边练

训练任务：请结合华夏公司人力资源管理业务内部控制及内部管理信息需求，尝试设计华夏公司的销售部门员工业绩评价表。

任务四

人力资源退出业务流程及内容设计

建立企业人力资源退出机制是实现企业发展战略的必然要求。人力资源只进不出，就会造成人员滞涨，严重影响企业有效运行。实施人力资源退出机制，可以保证企业人力资源团队的精干、高效和富有活力。通过员工自愿离职、停职待命、提前退休、离岗转岗等途径，可以实现与企业战略或流程不适应的员工直接或间接地退出，让更优秀的人员充实相应的岗位，真正做到"能上能下、能进能出"，实现人力资源的优化配置和战略目标。

一、人力资源退出业务的主要风险

人力资源退出阶段会存在各种风险，主要包括人才流失导致关键技术、商业秘密和国家机密泄露，人力资源退出机制不当，导致法律诉讼或企业声誉受损等。

不同类型的员工在退出企业过程中所带来的风险类型和等级不尽相同，具体表现如下。

（一）高层管理人员

不同的企业成长背景会造就不同高层管理人员的特质，如果是企业自身培养出来的高层管理人员，一般情况下会受到企业文化的影响，一旦被猎头"挖走"，出任其他同行业公司的高层管理人员，退出过程中可能会面对个人利益与企业利益冲突的问题，产生个人利益优于企业利益的逐利行为，进而导致企业商业秘密、核心方案的流失，给企业带来巨大损失；如果是职业经理人的退出，则可能由于退出机制的不健全，导致企业违约赔偿等损害企业形象的风险，当然也存在职业经理人的道德风险，如拖欠借款、侵占资产等。

（二）专业技术人员

专业技术人员掌握着企业的核心技术和产品参数信息，在退出阶段可能会因专业技术的流失导致企业产品失去竞争力，也可能存在因为价值观不一致导致的道德风险，如因为利益分配的问题导致的研发失败，影响企业产品上市进度。

（三）一般员工

一般员工的需求量大，流动性强，在退出阶段可能会因为退出机制的不健全，导致劳动关系处理不当，使得企业违约金回收不到位，因此负担过高的人才培养成本，同时使得企业的形象受到影响。

二、人力资源退出业务提供的信息

人力资源退出过程的业务主要涉及自然退休、岗位不胜任辞退（离职）及非正常离职，退出原因不同带来的风险也不同，需要的决策信息也不尽相同。人力资源退出阶段的业务流程相对简单，但是处理不好会对企业造成不良影响。因此在人力资源退出的过程中应当注重退出机制的公开化、程序化，明确人力资源退出的标准、流程，设计时要将业务审核、法务审核、人力审核的授权分岗、分人，形成相互制约的良性循环。因此，在退出阶段，主要应当基于人力资源在使用过程中产生的全过程信息，尽可能规避人力资源在退出过程中所涉及的法律、道德等风险，着重分析、提供如下信息。

（一）退出原因

人力资源在退出时应当提出退出申请，阐明退出原因，对于高层管理人员及专业技术人员尤其应当重视是否存在激励机制不健全导致的人才流失风险以及因价值观不一致所产生的道德风险。需要在决策过程中尽可能通过薪酬分配、职务、职称等信息的获取，分析人才退出的原因。

（二）从业经历及主要业绩

人力资源在使用过程中会沉淀大量的数据，在退出阶段，管理者应当综合人才在使用过程的技术技能提升、职称、职级变动等从业经历信息和取得的主要业绩数据，判断其对企业的贡献程度、是否应当挽留人才。

（三）劳动关系

劳动关系处理关系到企业良好形象的维护，因此，在退出过程中企业应当尽可能关注到人才劳动关系的正常转接，包括正常退休人事关系的办理、离职违约条款的信息及赔偿等。

三、人力资源退出业务流程及内容的设计思路和方法

人力资源退出阶段涉及的主要问题就是劳务关系处理不当造成的法律纠纷，进而影响企业的形象。因此在流程设计上应当重视法务的审核，可授权于人力资源管理的法务人员，负责劳务关系的处理。

人力资源退出业务流程及内容设计

图 6-16 中展示了员工主动离职流程图，无论员工出于何种原因辞职，如自然

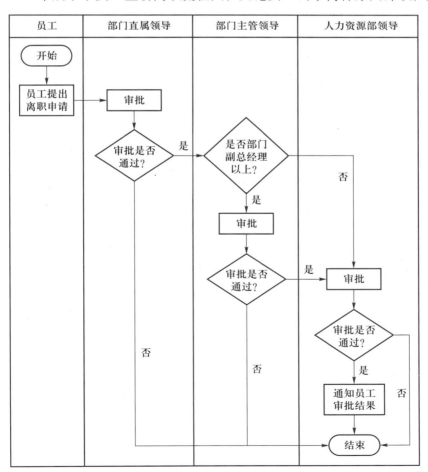

图 6-16 员工主动离职流程图

退休、员工因不能胜任岗位要求而辞职等情况，提出申请的只能是员工（图6-17中的流程设计是基于员工与企业达成一致意见的前提下开展的），按照员工职级、职务等的不同，经过部门直属领导审批、部门主管领导审批后，最终由人力资源管理部领导审批、归档，并将结果通知员工。如果企业单方面强制解约，会触发劳务应急管理机制，通过多方沟通、协调来解决人力资源退出可能存在的问题，将企业可能面临的劳务风险降到最低。

四、人力资源退出业务表单设计

（一）设计思路

1. 人力资源退出申请表

企业在人力资源退出阶段重点关注劳务风险的规避，不同层次的管理人员会基于岗位调动、岗位胜任力不足、自然退休、员工主动离职等决策需要，从数据库中调取所需信息，生成相应的个性化决策报告。如员工岗位胜任力不足，企业就应当考察其从业过程中的操作失误率、研发失败率、差错率等业务指标，判断员工是否属于可培训转岗的人才，还是应当解除劳动合同及时止损；如员工自然退休，则需要通过员工的身体状况的了解、劳动能力的评估，判断是否需要延长聘任期；如果员工主动离职，则应当尽可能掌握离职的原因，是晋升渠道不畅通还是激励机制有漏洞，有助于企业留住人才或分析人才流失原因。企业应当根据内部控制和管理需要，设计人力资源退出申请表等人力资源退出方面的表格，获取决策相关信息。

2. 人力资源退出分析表

由于人力资源是企业持续发展的动力源泉，尤其一些老员工随着企业的发展积累了丰富的与企业发展相关的成果与经验，因此在人力资源退出时，人力资源总监应当充分考虑员工所在部门的人员结构与需求、人员能力发展水平、退出原因等因素进行劝退、是否挽留或返聘的决策。

（二）设计样式

1. 人力资源退出申请表样式

人力资源退出申请表如表6-8所示。

表 6-8　人力资源退出申请表

姓名	工号	任职部门	任职期间	离职原因	历年业绩	劳动关系转接
张三	001	生产运营部	2018 年 8 月—2021 年 6 月	岗位调动	产量提升、成本下降	生产运营部—研发管理部
		研发管理部	2021 年 7 月—2022 年 3 月	辞职	研发失败率高	待审核
人力资源总监意见：						
部门主管领导意见：						
部门直属领导意见：						
劳务经办人：						

2. 人力资源退出分析表样式

人力资源退出分析表如表 6-9 所示。

表 6-9　人力资源退出分析表

姓名	工号	离职原因	原因分析		
李四	002	岗位胜任能力不足	操作失误率高	参与技能培训次数较少	技能证书等级较低
部门直属领导建议： 　　李四在连续 3 期考核中操作失误率超标，符合岗位胜任能力不足标准，参与培训次数不达标，主动提高技术技能的积极性不够，建议转岗或离职。 　　　　　　　　　　　　　　　　　　　　　　　　签字：张部长　　　　2022 年 2 月 20 日					
人力资源部领导建议： 　　　　　　　　　　　　　　　　　　　签字：　　　　　　　年　　月　　日					

边学边练

训练任务：请结合华夏公司人力资源管理业务内部控制及内部管理信息需求，考虑人力资源退出相关风险，设计专业技术人员人力资源退出分析表，注意尽可能为公司未来人才的选、用、育、留获取有价值的信息。

"岗课赛证" 融通训练 ▶▶▶

一、单项选择题

1. 以下不属于企业人力资源管理业务的是（　　）。

A. 人力资源经理的选任　　　　　　B. 采购成本的核算

C. 车间生产人员的考勤　　　　　　D. 销售人员业绩评价

2. 下列各项中，属于人力资源道德风险的内容是（　　）。

A. 领导能力不足导致业务失败的风险

B. 薪酬制度不科学导致员工工作动力不足的风险

C. 财务经理对财务报表进行粉饰的风险

D. 员工频繁离职的风险

3. 下列不属于专业技术人员引进与开发中考虑的主要内容是（　　）。

A. 专业技术人员的诚信、敬业的品质

B. 专业技术人员的技术水平

C. 专业技术人员的成果

D. 专业技术人员的沟通协调能力

4. 下列是一般员工在引进与开发业务中应当提供的信息是（　　）信息。

A. 工作成果　　　　　　　　　　　B. 技术专利

C. 学历　　　　　　　　　　　　　D. 技术职称

5. 以下关于人力资源需求预测流程说法不正确的是（　　）。

A. 人力资源管理部门需要整合相关业务部门的意见、建议制订人力资源招聘计划

B. 人力资源招聘计划是由人力资源部门独立完成的

C. 人力资源招聘计划一般需经过总经理或分管副总同意

D. 人力资源的需求预测是人力资源管理的起点

6. 人力资源使用中应当关注的信息可以弱化的是（　　）。

A. 组织管理信息　　　　　　　　　B. 劳动档案信息

C. 薪酬管理信息　　　　　　　　　D. 考勤管理信息

7. 以下风险不属于高层管理人员退出时应当考虑的是（　　　　）。

A. 退出机制不健全　　　　　　　　B. 拖欠借款

C. 侵占资产　　　　　　　　　　　D. 技术成果转移

8. 下列关于绩效评价表设计的说法，不正确的是（　　　　）。

A. 不同类型员工的绩效评价表应当是标准化的

B. 人力资源的绩效评价表应当提供预算差异分析信息

C. 绩效评价表应当报告人力资源使用综合管理信息

D. 绩效评价表应当尽可能反映人员考核的全过程信息

9. 下列关于职级升级业务流程设计，说法不正确的是（　　　　）。

A. 企业职级升级应着重考虑主管部门领导的评价

B. 不同企业的业务流程设计应当与企业人力资源管理实际相结合

C. 职级升级应当依托人力资源信息管理系统中的重要信息进行决策

D. 职级升级应当按照员工个人申请与组织邀约相结合的方式进行

10. 下列关于薪酬管理的内容，描述不正确的是（　　　　）。

A. 薪酬核算自动化

B. 与业务部门高度的信息共享

C. 与薪酬预算的对比分析报告

D. 实际工资支出应当按区域管理路线逐级下达到最小管控单位

二、多项选择题

1. 下列属于企业人力资源管理对象的有（　　　　　　）。

A. 总经理　　　　B. 车间钳工　　　　C. 车间主任　　　　D. 董事长

2. 企业开展人力资源管理活动应当关注的风险环节有（　　　　　　）环节。

A. 人力资源引进与开发　　　　　　B. 人力资源使用

C. 人力资源退出　　　　　　　　　D. 授权

3. 下列属于人力资源管理的内容有（　　　　　　）。

A. 招聘　　　　B. 劳动关系管理　　　　C. 考勤管理　　　　D. 销售合同管理

4. 企业人力资源退出管理活动中，应当提供的主要信息有（　　　　　　）。

A. 退出原因　　　　　　　　　　　B. 从业经历

C. 主要业绩　　　　　　　　　　　D. 劳动关系

5. 高层管理人员引进与开发业务的主要风险有（　　　　　　）。

A. 岗位胜任能力不足　　　　　　　B. 与企业文化不相融合

C. 晋升机制不畅通　　　　　　　　D. 薪酬激励不科学

6. 人力资源引进过程中的主要业务有（　　　　　　）。

A. 入职申请的筛选　　　　　　　　　B. 入职申请的审批

C. 考勤管理　　　　　　　　　　　　D. 入职通知的下达

7. 人力资源引进与开发业务管理报表中反映的信息有（　　　　）。

A. 岗位能力要求　　　　　　　　　　B. 人力资源能力分析

C. 人岗匹配信息　　　　　　　　　　D. 绩效考核信息

8. 人力资源使用过程中的风险主要有（　　　　）。

A. 人力资源激励约束制度不合理　　　B. 关键岗位人员管理不完善

C. 关键岗位人员工作效率低下　　　　D. 关键技术、商业秘密泄露

9. 考勤管理信息主要包括（　　　　）信息。

A. 到岗情况　　　B. 病假、事假　　　C. 差旅　　　　　D. 五险一金

10. 人力资源退出申请表中应当包含的信息有（　　　　）。

A. 人员姓名　　　　　　　　　　　　B. 离职原因

C. 任职业绩信息　　　　　　　　　　D. 离职分析

三、判断题

1. 人力资源管理中的人力资源不包括董事、监事及高级管理人员。（　　　）

2. 人力资源管理主要依靠人来开展管理。（　　　）

3. 现代企业竞争能力的高低取决于信息化程度的高低，而不是人力资源管理的水平。（　　　）

4. 人力资源开发中可以直接通过外部引进，也可以通过内部选拔。（　　　）

5. 人力资源使用过程中最重要的是关注职位能力风险。（　　　）

6. 企业在引进人力资源过程中不仅要关注人员的道德水准，也要通过合理的法律途径保障员工的合法权益，如签订劳动合同等。（　　　）

7. 人力资源管理就是通过设置各种绩效指标进行考核管理。（　　　）

8. 一般员工引进与开发业务应提供的信息主要包括工作履历、工作成果和能力评估。（　　　）

9. 人力资源管理是相对独立的业务板块，无须其他业务部门的配合。（　　　）

10. 人力资源管理重在公平公正，因此要按照岗位、能力的重要程度进行分类考核。（　　　）

参考文献

［1］财政部会计司. 企业内部控制规范讲解［M］. 北京：经济科学出版社，2010.

［2］高翠莲. 企业内部控制［M］. 2 版. 北京：高等教育出版社，2022.

［3］张远录. 中小企业内部控制［M］. 北京：高等教育出版社，2018.

［4］孙宗虎. 生产过程管理流程设计与工作标准［M］. 北京：人民邮电出版社，2021.

［5］孙宗虎. 研发过程管理流程设计与工作标准［M］. 北京：人民邮电出版社，2021.

［6］李作学，孙宗虎. 人力资源过程管理流程设计与服务工作标准［M］. 北京：人民邮电出版社，2021.

［7］刘凤瑜. 人力资源服务与数字化转型［M］. 北京：人民邮电出版社，2021.

［8］孙莲香，鲍东海. 财务业务一体化实训教程［M］. 北京：清华大学出版社，2021.

［9］孙彦丛，郭奕，扶冰清. 数字化时代的业财一体——业务报账系统［M］. 北京：中国财政经济出版社，2022.

主编简介

　　高翠莲，国家首批"万人计划"教学名师，山西省财政税务专科学校会计学院院长、二级教授、太原理工大学硕士生导师，拥有会计师、注册会计师、注册税务师专业技术资格，从事会计教学、理论与实践研究近40年。全国先进会计工作者，山西省"三晋英才"高端领军人才；国家特色高水平高职学校重点专业群建设项目负责人，财税大数据应用专业国家级职业教育教师教学创新团队负责人，国家黄大年式教师团队负责人，国家优秀教学团队负责人，全国教育系统先进集体带头人，全国高职会计职业技能大赛设计者和专家组组长，国家职业教育会计专业教学资源库项目主要负责人。兼任中国商业会计学会会计职业教育分会副会长、全国会计教育专家委员会委员、全国财经职业教育集团副理事长等职务。

　　曾获教育部"先进工作者"、山西省五一劳动奖章，并获山西省教学名师、山西省"双师型教学名师""青年科技奖""教育专家奖""精神文明奖""巾帼建功标兵"等荣誉称号。获国家教学成果一等奖一项、二等奖一项；山西省教学成果特等奖一项、一等奖三项，荣立山西省劳动竞赛委员会一等功一次、三等功一次。主持完成"企业经济业务核算"国家精品课程和国家精品资源共享课程；主持建设国家职业教育大数据与会计（会计）专业教学资源库课程"出纳业务操作"和国家职业教育在线精品课程"企业内部控制"。出版专著1部，主编教材40余部，其中首届全国教材建设奖全国优秀教材1部，国家级规划教材9部；主持制定全国高职大数据与会计专业和会计信息管理专业教学标准；组织制定全国高职会计专业实训教学条件建设标准；主持完成教育部"会计专业中高职衔接教学标准"课题1项；主持或参与完成省级科研课题25项；公开发表学术论文50余篇。

高慧云，山西省财政税务专科学校教授，太原理工大学硕士生导师，全国高校黄大年式教师团队骨干成员，山西省"双师型"优秀教师，全国高职院校"网中网杯"财务决策大赛特等奖指导教师，全国大学生"网中网杯"财务决策网络大赛一等奖指导教师，全国职业院校技能大赛优秀工作者，山西省职业院校技能大赛会计技能赛项一等奖优秀指导教师，从事会计教学及理论与实践研究30余年。获国家教学成果奖二等奖、全国职业院校技能大赛会计技能赛项一等奖优秀指导教师奖、首届全国教材建设奖全国优秀教材二等奖、山西省教学成果特等奖、山西省职业院校"实训方案设计竞赛"一等奖，作为第二主持完成国家级精品课程、国家级精品资源共享课程"会计综合实训"；作为主讲参与建设国家职业教育大数据与会计（会计）专业教学资源库课程"出纳业务操作"和职业教育国家在线精品课程"企业内部控制"；主持建设"业财一体化设计"在线课程。主编、参编教材30余部，其中规划教材约20部；主持或参与完成省级科研课题10余项，公开发表学术论文20余篇。

蔡理强，厦门网中网软件有限公司总裁，清华大学工商管理专业硕士，工程师。企业实践工作经验20余年，深耕财经教育领域。2018年带领公司荣获"教育部产学合作协同育人项目"优秀案例，2019年、2022年共荣获4个中国高等教育学会"校企合作 双百计划"典型案例、2021年带领公司获金砖国家技能发展与技术创新大赛突出贡献奖、2022年主持开发的正保云课堂入选教育部首批国家高等教育智慧教育平台。组织公司技术人员为全国职业院校技能大赛会计实务赛项相关环节竞赛提供竞赛平台研发和设计技术支持；为全国高职院校科研活动提供具体的财会产业数据支持，运用财会领域多年的研发经验和教材编著经验，协助学校专业教师进行专业教学改革及科研活动；主编《云财务会计岗位综合实训》《RPA财务机器人开发与应用》等教材；参与制订全国高职会计专业教学标准；积极开展师资培训，推动双师型教师培养，为三教改革添砖加瓦。

读者意见反馈

为收集对教材的意见建议，进一步完善教材编写并做好服务工作，读者可将对本教材的意见建议通过如下渠道反馈至我社。

咨询电话　400-810-0598
反馈邮箱　gjdzfwb@pub.hep.cn
通信地址　北京市朝阳区惠新东街 4 号富盛大厦 1 座
　　　　　高等教育出版社总编辑办公室
邮政编码　100029

防伪查询说明

用户购书后刮开封底防伪涂层，使用手机微信等软件扫描二维码，会跳转至防伪查询网页，获得所购图书详细信息。

防伪客服电话

（010）58582300

网络增值服务使用说明

授课教师如需获取本书配套教辅资源，请登录"高等教育出版社产品信息检索系统"（http://xuanshu.hep.com.cn/），搜索本书并下载资源。首次使用本系统的用户，请先注册并进行教师资格认证。

高教社高职会计教师交流及资源服务 QQ 群（在其中之一即可，请勿重复加入）：
QQ3 群：675544928　QQ2 群：708994051（已满）　QQ1 群：229393181（已满）

专业基础课

中国会计文化	中国金融文化	会计基础	管理会计基础
金融基础	金融科技概论	财政与金融	财经基本技能
Python 财务基础		财务大数据基础	

岗课赛训

基础会计实训	财务会计实训
成本会计实训	出纳岗位实训
审计综合实训	税务会计实训
管理会计实训	会计综合实训
数字金融业务实训	会计信息化实验

高等职业教育财经类专业群

岗课赛证

智能财税	金税财务应用
财务共享服务	业财一体信息化应用
财务数字化应用	数字化管理会计
智能估值	智能审计
财务机器人应用	